Sekundarstufe

Wolfgang Wertenbroch

Lernwerkstatt Soziologie

Der Mensch in der Gemeinschaft

- Soziologische Fragestellungen genau betrachtet
- Gesellschaftlichen Mustern auf der Spur

Lernen mit Erfolg
KOHL VERLAG
www.kohlverlag.de

Lernwerkstatt Soziologie

Der Mensch in der Gemeinschaft

2. Auflage 2016

Inhalt: Wolfgang Wertenbroch
Coverbild: © Djama - fotolia.com
Redaktion, Grafik & Satz: Eva-Maria Noack / Kohl-Verlag
Druck: farbo prepress GmbH, Köln

Bestell-Nr. 11 420

ISBN: 978-3-86632-201-1

Bildnachweis:
Symbol oben: Dieter Schütz/pixelio.de; Seite 8: Karl Pircher/pixelio.de; Seite 10: Rolf van Melis/pixelio.de; Seite 11: muslimgemeinde.de; Seite 12: Jorma Bork/pixelio.de; Seite 14: Eric Ward/wikimedia.org; Seite 20: Gerd Altmann, AllSilhouettes.com/pixelio.de; Seite 25: Petra Hoeß, FABION Markt + Medien/abfallbild.de; Seite 36: Deutsches Kraftfahrzeuggewerbe; malerinnung-bautzen.de; Seite 21: Uwe Steinbrich/pixelio.de; Seite 38: Anne Garti/pixelio.de; Kurt Michel/pixelio.de; Seite 44: Flickr/wikimedia.org; Seite 54: Ani/wikimedia.org

Inhalt

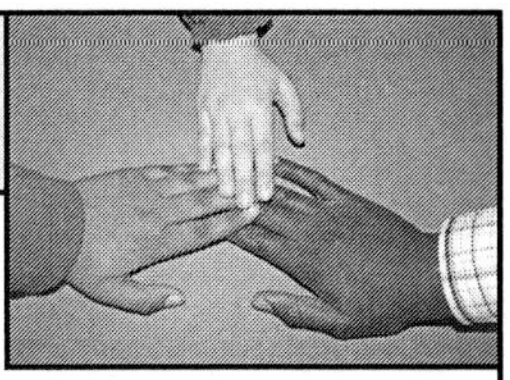

Anmerkung:
Weil die Kapitel aufeinander aufbauen, empfiehlt es sich, sie in der obigen Reihenfolge zu bearbeiten.
Der Autor bedankt sich herzlich bei Herrn Dietrich Scholz (Diplomsoziologe, Berlin) für die Durchsicht des Manuskriptes und für viele wichtige und hilfreiche Hinweise.

Bedeutung der Symbole:

EA

Einzelarbeit

PA

Partnerarbeit
Nach der Schulentlassung werden Ihre Schüler-/innen kaum allein lernen oder arbeiten. Deshalb haben sie hier schon Gelegenheit, sich mit wechselnden Partnern und in der Gruppe sachlich mit einem Thema zu beschäftigen.

Arbeiten mit der ganzen Gruppe

Arbeiten in kleinen Gruppen
Hier ist die ganze Lerngruppe mit einem Thema befasst.
Auch Sie können sich zur Lerngruppe zählen und sich mehr oder weniger zurückhaltend als Lernberater beteiligen.

Lernwerkstatt SOZIOLOGIE
Der Mensch in der Gemeinschaft – Bestell-Nr. 11 420
KOHL VERLAG

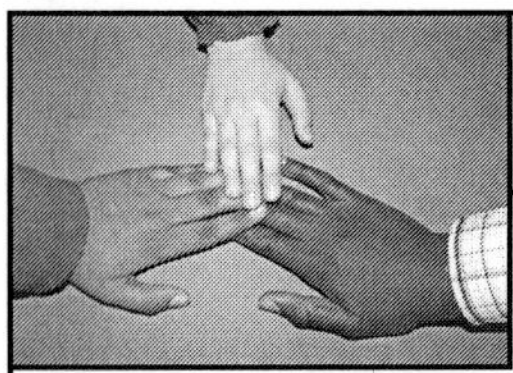

Vorwort

Liebe Kolleginnen und Kollegen,

nicht zufällig sind in den letzten Jahren soziologische Fragestellungen und Themen in einer ganzen Reihe von Schulfächern immer stärker berücksichtigt worden. Denn die Mitwirkungs- und Teilhabefähigkeit in unserer Gesellschaft erfordert aktuelle Kompetenzen. Dabei geht es um Orientierungs-, Urteils- und Handlungskompetenzen, die in den amtlichen Vorgaben für Sozialkunde, politische Bildung oder Ethik als Unterrichtsziele zusammengestellt sind.
Soziologisches Denken befasst sich mit dem Zusammenleben der Menschen in Gruppen und mit den entsprechenden Einstellungen, Vorurteilen und Handlungen. Auch Sie und Ihre Schüler* gehen täglich miteinander um – mehr oder weniger friedlich, förderlich oder sozial verträglich. Dieser Umgang wird meist erst dann reflektiert, wenn Konflikte auftreten. Dann bemühen sich die am Konflikt Beteiligten um einvernehmliche Lösungen, die aber oft nicht lange vorhalten.
Weil sich solche Situationen offenbar nicht vollständig vermeiden lassen, finden sich Schüler und Lehrer damit ab – und fügen sich in das scheinbar Unvermeidliche.
Dennoch habe ich den Versuch unternommen, dem „Unvermeidbaren“ den Kampf anzusagen. Und das soll auf verschiedenen Erkenntniswegen geschehen:

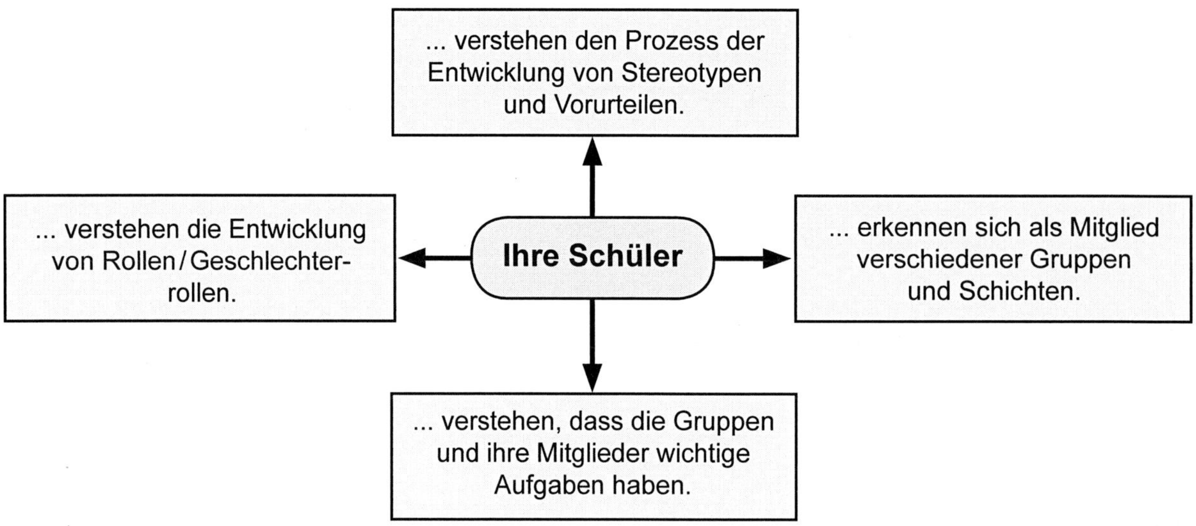

Aus dieser knappen Übersicht geht schon hervor, dass und wie Ihre Schüler von den hier vorgelegten Arbeits- und Denkaufträgen profitieren: Sie können sich mit ihrem Fühlen, Denken und Handeln besser einordnen. Dabei bleibt es aber nicht. Es wird ihnen ermöglicht, ihr Fühlen, Denken und Handeln zu reflektieren. Sie werden Stellung beziehen und Einsichten gewinnen – zum eigenen Vorteil und zum Vorteil ihrer sozialen Umgebung.

Ein erfolgreiches Gelingen wünschen Ihnen das Kohl-Verlagsteam und

Wolfgang Wertenbroch

**Mit den Schülern bzw. Lehrern sind im ganzen Heft selbstverständlich auch die Schülerinnen und Lehrerinnen gemeint!*

1. Was ist soziologisches Denken?

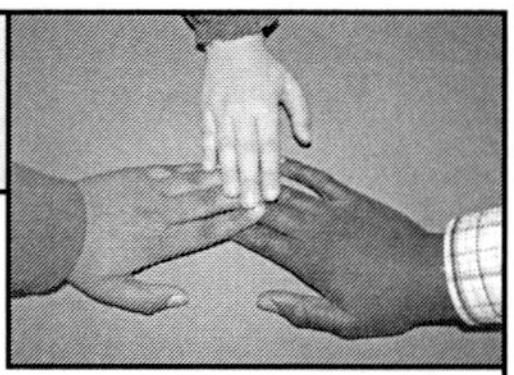

Soziologisches Denken befasst sich mit dem Zusammenleben der Menschen in Gruppen

Familie

Schule

Arbeitsplatz

Das Zusammenleben in einer Gruppe wird beeinflusst von

Einstellungen • **Vorurteilen** • **Handlungen**

Das Zusammenleben kann gelingen oder misslingen. Erfolg oder Misserfolg des Zusammenlebens ergeben sich aus den Einstellungen, den Vorurteilen und dem Handeln zu diesen Themen:

- ➲ Geschlechtsrolle
- ➲ Integration von Migranten
- ➲ Soziale Herkunft und Bildungschancen
- ➲ Wandel der Leitbilder
- ➲ Ethnische und kulturelle Vorurteile
- ➲ Wandel der Wirtschafts- und Arbeitsstrukturen
- ➲ Soziale Ungleichheit

PA

Aufgabe 1: *Du siehst hier eine Übersicht zum Thema „Soziologisches Denken". Weil du immer in einer oder in mehreren Gruppen lebst, denkst und handelst, kennst du bestimmt auch Konflikte, die aus dem Zusammenleben entstehen können.*
Konflikte sind oft typisch: Die Konflikte in der Familie sind anders als die Konflikte in der Schule oder am Arbeitsplatz. Manchmal ähneln sie sich aber auch.
Tauscht eure Erfahrungen hierzu aus. Diskutiert aber noch nicht über Ursachen oder notwendige Veränderungen.

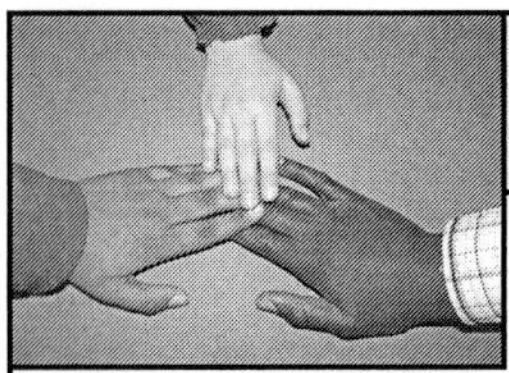

1. Was ist soziologisches Denken?

PA

Aufgabe 2: *Du hast oben auf Seite 5 schon gelesen, dass Menschen in Gruppen leben. Wahrscheinlich hast du während des Lesens nicht darüber nachgedacht, was eine Gruppe überhaupt ist oder was eine bestimmte Gruppe für dich ist. Für die weiteren Ausführungen ist es aber wichtig, auf den* ***Begriff der Gruppe*** *einzugehen. Eine Gruppe ist zunächst eine Ansammlung von Menschen – aber sie ist noch viel mehr:*

„Gruppe“ bezeichnet die Gesamtheit von Einzelpersonen (Individuen), die sich wechselseitig beeinflussen.

a) *Tauscht im Gespräch mit Beispielen aus, was mit wechselseitiger Beeinflussung gemeint sein könnte.*

b) *Ist die Beeinflussung immer wechselseitig? Für uns ist es selbstverständlich, dass Eltern ihr Kind beeinflussen (oberer Pfeil in der Abbildung unten), ob sie wollen oder nicht.*

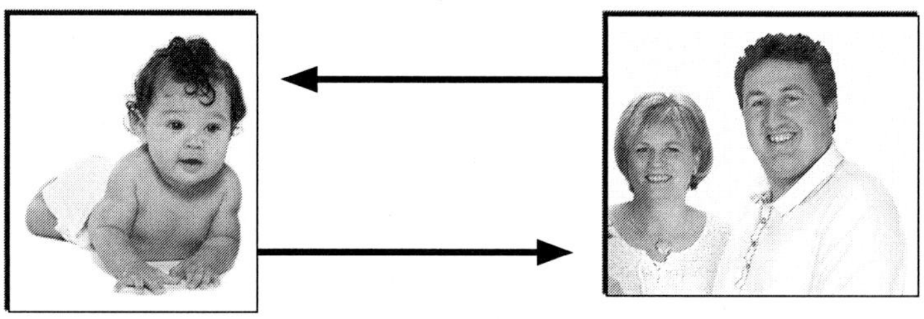

Aber beeinflusst denn das Neugeborene seine Eltern? Wenn ja, wie geschieht das? Und wie reagieren die Eltern? Sprecht darüber und tauscht Beispiele aus.

c) *Nun ist die Situation anders, außer dem Neugeborenen ist noch ein älteres Kind in der Familie. Wer beeinflusst wen und wie geschieht das? Tauscht auch hierzu eure Erfahrungen/Beobachtungen aus. Zeichnet Pfeile ein, dünnere Linien für weniger Beeinflussung oder dickere Linien für stärkeren Einfluss.*

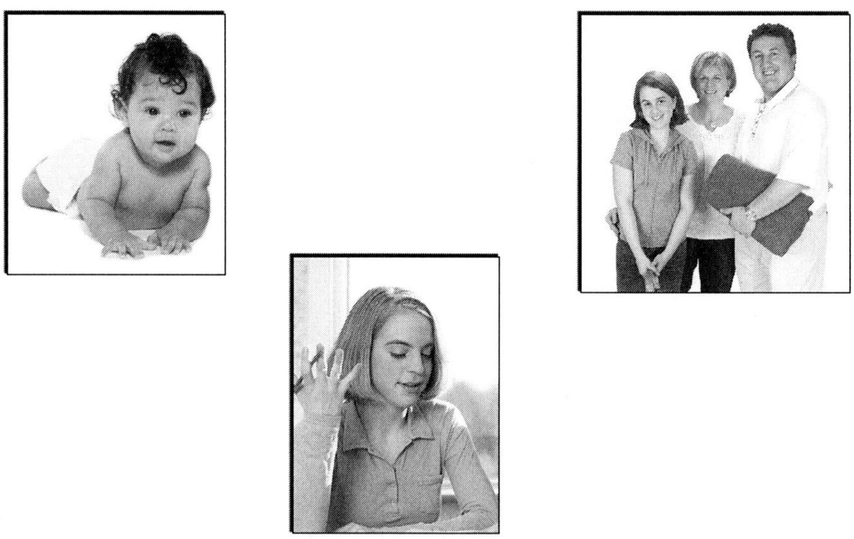

Lernwerkstatt SOZIOLOGIE
Der Mensch in der Gemeinschaft – Bestell-Nr. 11 420

1. Was ist soziologisches Denken?

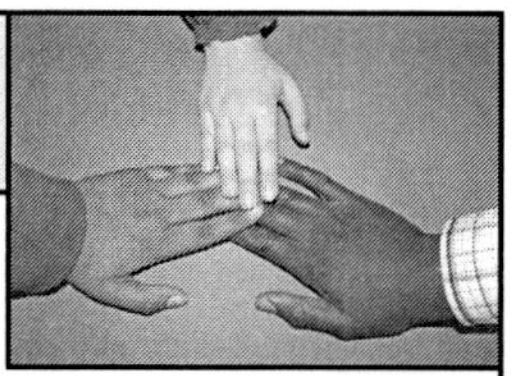

d) *Oben wurde gesagt, dass Eltern ihre Kinder beeinflussen, <u>ob sie wollen oder nicht</u>. Wir lesen oder hören gelegentlich von Eltern, die ihre Kinder vernachlässigen. Ist die Vernachlässigung auch eine Beeinflussung, eine Einflussnahme auf die Kinder? Überlegt diese Frage und tauscht eure Gedanken/Beobachtungen/Informationen aus.*

e) *An dem Beispiel der Familie hast du gesehen, dass eine Gruppe größer oder kleiner sein kann. Deshalb wird auch zwischen Kleingruppen und Großgruppen unterschieden.*
Ordne die folgenden Gruppen in die Tabelle ein:
Familie – Sportverein – Politische Partei – Kinder-Spielgruppe – Nachbarschaft – Schulklasse – Fertigungsabteilung eines Industriebetriebes

Kleingruppen	Größere und große Gruppen

PA

<u>Aufgabe 3</u>: ***Gruppen haben gemeinsame Ziele.***
Überlegt und tauscht eure Gedanken und Beobachtungen aus zu dieser Frage: Welche Ziele haben die genannten Gruppen? Einigt euch auf Zielformulierungen und tragt sie stichwortartig in die Tabelle ein.

Gruppe	Ziele
Familie	
Sportverein	
Politische Partei	
Kinder-Spielgruppe	
Schulklasse	
Fertigungsabteilung	

Lernwerkstatt SOZIOLOGIE
Der Mensch in der Gemeinschaft – Bestell-Nr. 11 420
KOHL VERLAG

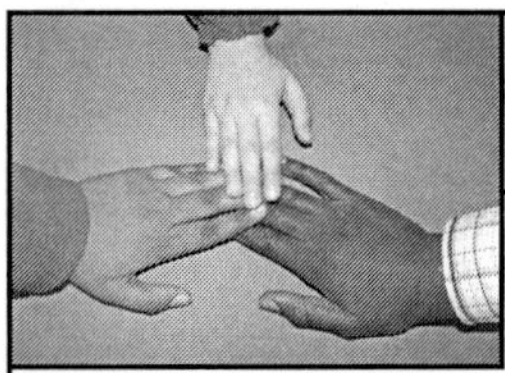

1. Was ist soziologisches Denken?

Wenn man Ziele erreichen soll oder will, muss es **Normen** geben. Jedem in der Gruppe muss klar sein, wie er sich verhalten soll, und welches Verhalten zum Erreichen der gemeinsamen Ziele nicht geeignet ist. Ziele und Normen müssen nicht unbedingt ausdrücklich formuliert werden. Meist ist den Gruppenmitgliedern klar, welches Verhalten den angestrebten Zielen nützt und welches Verhalten eher ungeeignet ist.
Wenn sich ein Gruppenmitglied normgerecht verhält, wird es belohnt. Anderenfalls wird es bestraft. Aber wie sieht das in der täglichen Praxis aus?

Die 1. Fußballmannschaft des FC Concordia Emstal ist in die Bezirks-Oberliga aufgestiegen. Die Mannschaft will hier nicht nur mitmischen, sondern sich im oberen Drittel etablieren. Dem Spieler A. ist der Aufstieg seiner Mannschaft sehr zu Kopf gestiegen. Ohne ihn wäre der Mannschaft der Aufstieg nicht gelungen. Jetzt sollen die Mannschaftskollegen sich auch mal anstrengen. Der Trainingseifer des Spielers A. lässt deutlich nach, und der Trainer lässt A. beim nächsten Spiel „von der Bank aus“ zusehen.

PA

Aufgabe 4: *Sportlehrer Müller lässt für diese Sportstunde Mannschaften wählen. Zwei Schüler rufen abwechselnd Schüler zu sich, und schließlich „stehen“ die Mannschaften. Diese Situation ist für dich nicht neu. Hier wird belohnt und bestraft. Welche Schüler werden wie belohnt? Welche Schüler werden wie bestraft? Einigt euch auf gemeinsame Formulierungen und tragt sie in euer Heft ein.*

PA

Aufgabe 5: *In der Spielgruppe der 5–6-Jährigen wird plötzlich beschlossen, Kevin nicht mehr mitspielen zu lassen.
Sprecht darüber, was möglicherweise vorgefallen sein könnte.*

PA

Aufgabe 6: *Josef Drees ist Arbeiter in einer Firma, die Landmaschinen baut. Herr Drees ist schon seit Jahren in dieser Firma tätig und arbeitet genau und zuverlässig. Sein Verhältnis zu den Kollegen ist freundlich. Es gelingt ihm, die schwierige Arbeitsabfolge mit ihnen gut abzustimmen. Sprecht darüber, wie die Kollegen in der Fertigungsabteilung Herrn Drees und seine Arbeit einschätzen werden.*

PA

Aufgabe 7: *Du hast oben gelesen, dass Ziele und Normen zur Erreichung der Ziele nicht ausdrücklich formuliert sein müssen. Die Spieler des FC Concordia wissen recht genau, was von ihnen verlangt wird. Auch Herr Drees weiß um Ziele und Normen der Arbeitsgestaltung. Auch der Sportlehrer sagt ständig, was er von den Schülern erwartet. Aber wie lernen die jungen Kinder der Spielgruppe, was von ihnen erwartet wird?
Sprecht hierüber und schildert Erfahrungen und Beobachtungen.*

Lernwerkstatt SOZIOLOGIE
Der Mensch in der Gemeinschaft – Bestell-Nr. 11 420
KOHL VERLAG

2. Die Gruppe und die Entstehung von Einstellungen

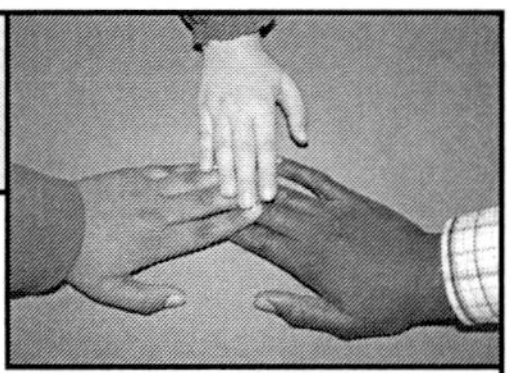

Jeder wird im Laufe seines Lebens von Gruppenerfahrungen beeinflusst. Gruppen formen unsere (ethischen) Werte und unser Verhalten. Mit den Werten ist ein System von Regeln gemeint, das unser soziales Verhalten im Zusammenleben erst ermöglicht.
Die Regeln selber werden nicht gelernt, gelernt wird aber das Verhalten nach bestimmten Regeln. Die Bereitschaft, dieses Verhalten auszuführen, wird als moralische Haltung, Werthaltung oder Einstellung bezeichnet.

PA

Aufgabe 1: *Wenn du dir in der Gruppe „Familie“ bestimmte Einstellungen aneignest, passt du dich dieser Eigengruppe an. Du bemühst dich, dir Einstellungen anzueignen, die dir Anerkennung, Lob und Zustimmung einbringen.*

Svetlana kommt als ganz normales Mädchen zur Welt und ist so niedlich, wie Babies eben sind. Ihre Mutter sieht aber schon nach kurzer Zeit, dass aus Svetlana mal ein hübsches Mädchen werden wird. Ihre Mutter kann es sich leisten, Svetlana ständig in neue und sehr modische Kleidung zu stecken. Dann wird das Kind beschmust und überall herumgezeigt. Meist sagen die „Bewunderer“, was Svetlanas Mutter hören will, „nein, was für ein hübsches Kind!“ Svetlana ist heute 17 Jahre alt.
Welche Einstellung hat Svetlana bis heute zu sich selbst, und wie ist ihr Verhalten davon beeinflusst? Eure gemeinsame Formulierung der Antwort könnt ihr mit dem Lösungsvorschlag vergleichen.

____

____

____

GA

Aufgabe 2: *Leider hat sich Svetlana mit handfesten Arbeiten nie lange aufgehalten. Das Aufhübschen hat viel Zeit verschlungen, und ihr Zimmer sieht mehr oder weniger chaotisch aus. Von Mitarbeit im Haushalt wurde Svetlana verschont.*

Bürokauffrau – der Beruf könnte zu ihr passen. Man hat keine schwere Arbeit, und muss immer gepflegt = aufgehübscht auftreten. Svetlana hat die Ausbildungsstelle erhalten und hat sogar im 2. Ausbildungsjahr einen eigenen Schreibtisch mit einem PC. Sie darf jetzt für Geschäftsvorgänge Akten in der Registratur verwalten. Das alles ist sicher keine schwere Arbeit, allerdings ist Ordnung, Übersicht und Planung erforderlich. Aber genau damit stand Svetlana immer schon auf Kriegsfuß. Viel schlimmer ist es jedoch, dass niemand ihre Schönheit bemerkt und anerkennend erwähnt. Hier will Svetlana nicht bleiben, „mal sehen, ob es was besseres gibt“.

Sprecht kurz über diese Fragen:
- *Gibt es solche Svetlanas wirklich, oder ist das Beispiel aus der Luft gegriffen und unrealistisch?*
- *Welcher Ausbildungsberuf wäre für Svetlana geeignet gewesen?*

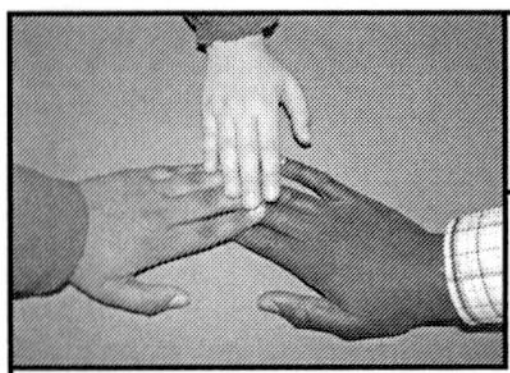

2. Die Gruppe und die Entstehung von Einstellungen

Aufgabe 3:

Einstellungen der Berufswelt gegenüber werden schon früh gelernt.

Frau und Herr Schumacher haben sich schon auf ihr erstes Kind gefreut. Nach der niedlichen Tochter wurde zwei Jahre später ein Sohn geboren. Als die Geschwister 6 und 4 Jahre alt sind, machen sich die Eltern Gedanken um förderliches Spielzeug für die Kinder. Frau Schumacher konnte ihren Mann leicht davon überzeugen, dass es für ein Mädchen sinnvoll sei, „was mit Kunst und so“ zu schenken. Die Tochter bekam also zu Weihnachten eine Staffelei, Farben und weiteres Zubehör.

Für das Weihnachtsgeschenk für den Sohn war Herr Schumacher zuständig, er wisse am besten, was man Jungen schenken könne. Und so bekam der Sohn eine kleine Werkbank mit reichlich Zubehör wie Maschinenschrauben, Muttern, Schraubenschlüssel und Schraubendreher aus Kunststoff.

Sprecht über die folgenden Situationen und Fragen:

- *Verwandtschaftsbesuch: Die Kinder zeigen, was sie mit ihrem Spielzeug alles können, was sie gemalt und gebaut haben – und bekommen viel Lob zu hören. Sie bekommen auch zu hören, was aus ihnen einmal schulisch und beruflich werden könne – bei diesem Geschick. Wie könnte sich solches Lob anhören, mit welchen Worten sprechen die Verwandten? Spielt es im Rollenspiel durch.*

- *Wie könnte sich das Malen und das Bauen der Kinder auf die Arbeit in der Schule auswirken?*

- *Wenn diese Kinder auch in der Schule erfolgreich sind im Fach Kunst oder Technisches Werken, kann dieser Erfolg sich auf das soziale Miteinander in der Lerngruppe auswirken, aber wie?*

- *Haltet ihr auch Auswirkungen auf die Berufswahl für möglich? Welche Berufswünsche könnten die Geschwister bevorzugen?*

- *Vergleicht dieses Beispiel mit eurer Spiel- und Schullaufbahn. Gibt es Ähnlichkeiten? Seht ihr Beziehungen zwischen eurem Hobby und eurem Berufswunsch? Begann und entwickelte sich euer heutiges Hobby aus kindlichem Spiel?*

Lernwerkstatt SOZIOLOGIE
Der Mensch in der Gemeinschaft – Bestell-Nr. 11 420
KOHL VERLAG

2. Die Gruppe und die Entstehung von Einstellungen

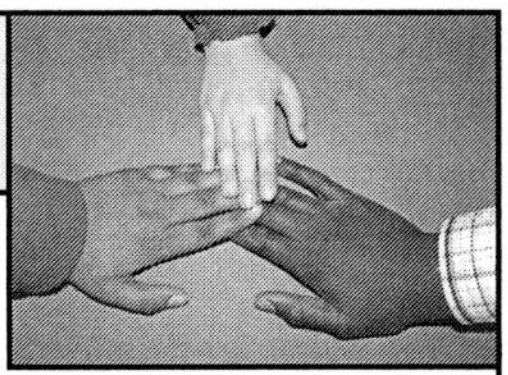

Aufgabe 4: *Johannes lebt in einer Kleinstadt und besucht die 6. Klasse der Hauptschule. Seine schulischen Leistungen sind jedoch sehr unzureichend. Deshalb wird er nach einer Überprüfung in eine Schule für Lernhilfe umgeschult. Hier soll er mehr Erfolg haben und zum Abschluss gelangen. Nach dem Wechsel zur Förderschule wenden sich die früheren Freunde von Johannes ab.*
Aber schon bald wird er von einer Gruppe Gleichaltriger angesprochen und mit großem Hallo in ihren Kreis aufgenommen.
Johannes fühlt sich besser und er hat wieder Freunde, und was für welche! Abends ziehen sie gemeinsam los, trinken Alkoholisches und pöbeln in der Fußgängerzone Passanten an. In der Gruppe wird Johannes anerkannt. Er ist sogar beliebt, weil er gelegentlich eine Kiste Bier spendiert, die er aus der elterlichen Kasse bezahlt.
Als Johannes` Eltern davon erfahren, sind sie entsetzt. Johannes war doch früher immer sehr vernünftig und umgänglich, aber nun ...

In den Gruppen Gleichaltriger (peer groups) werden neue Kontakte und andere Maßstäbe und Einstellungen kennen gelernt und ausprobiert. Das kann zu Konflikten mit den Erwartungen der Eltern führen.

➲ *Wie oft hat man es schon als Erklärung für die negativ veränderte Einstellung ihres Kindes gehört: „Der hat die falschen Freunde kennen gelernt."*
Berichtet über ähnliche Erfahrungen oder Beobachtungen.

Aufgabe 5: *Auch noch im Erwachsenenalter können sich Einstellungen ändern – zum Positiven und zum Negativen hin.*

➲ *Sprecht hierüber kurz und tauscht Erfahrungen und Beobachtungen aus.*

➲ *Ihr kennt vielleicht Erwachsene, die eine negative Einstellung gegenüber ausländischen Mitbürgern haben. Du weißt, dass Einstellungen am Verhalten eines Menschen erkennbar sind, auch am sprachlichen Verhalten.*
Woran ist eine negative Einstellung Ausländern gegenüber erkennbar?

KOHL VERLAG
Lernwerkstatt SOZIOLOGIE
Der Mensch in der Gemeinschaft – Bestell-Nr. 11 420

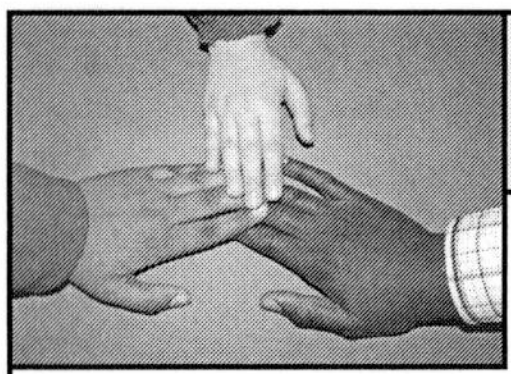

2. Die Gruppe und die Entstehung von Einstellungen

Aufgabe 6: *Es gibt Eltern, die in ihren Einstellungen großen Wert auf Disziplin, Sauberkeit, Ordnung, „gutes Betragen" in der Schule und Ehrlichkeit legen. Sprecht kurz hierüber:*

- *Haben eure Eltern diese Einstellungen?*
- *Woran erkennt ihr das?*
- *Erwarten sie diese Einstellung auch von euch?*
- *Wie teilen die Eltern ihre Erwartung mit?*
- *Habt ihr diese Einstellungen schon ganz oder teilweise übernommen? Wie äußert sich das?*

Aufgabe 7: *Andere Eltern legen mehr Wert auf Selbstkontrolle, Verantwortung und Rücksichtnahme.*

- *Ist das bei euren Eltern der Fall? Wie äußern sie das?*
- *Habt ihr diese Einstellung schon ganz oder teilweise übernommen? Wie ist das erkennbar?*

Aufgabe 8: *Welche der genannten Werte/Einstellungen sind für Schule und Beruf gleichermaßen wichtig?*

Aufgabe 9: *In den vorigen Arbeitsaufträgen war auch von Eltern die Rede. Bei ihnen wachst ihr auf und lernt eure Einstellungen. Kann auch die Schule Einfluss auf eure Einstellungen nehmen? „Die Schule" ist recht anonym, eigentlich sind es die Lehrer(innen), die Einfluss auf eure Einstellungen nehmen können.*

- *Können sie wirklich Einfluss nehmen? Wenn nein, warum nicht? Wenn ja, warum und wie?*
- *Welchen Einfluss haben eure Mitschüler auf eure Einstellungen?*

3. Die Familie

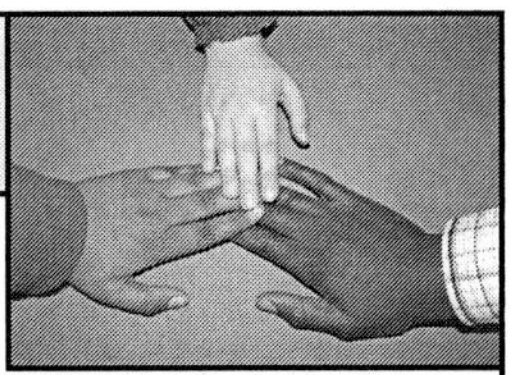

PA

Aufgabe 1: *Die Familie ist eine Gruppe – aber wer gehört zu dieser Gruppe? Schreibe deine Antwort im vollständigen Satz.*

GA

Aufgabe 2: *Tauscht eure Antworten zur ersten Frage aus. Es kann sein, dass eure Antworten sehr ähnlich lauten. Es ist aber durchaus möglich, dass einzelne Antworten abweichen.*

PA

Aufgabe 3: *Lest den folgenden Text, sprecht über die unterstrichenen Begriffe.*

Eine Familie ist eine durch Heirat oder Partnerschaft begründete Lebensgemeinschaft, bei uns meist aus Eltern und Kindern (der so genannten Kernfamilie) bestehend. Sie bildet für heranwachsende Kinder ein erstes soziales und ihre Fähigkeiten herausbildendes Netzwerk.
Während früher die Drei-Generationen-Familie üblich war, setzen sich in Deutschland seit langem die Kernfamilie (2-Generationen-Familie) und andere Lebensformen durch. Die Vielfalt privater Lebensformen (von der Kernfamilie über kinderlose Partnerbeziehungen bis zum Ein-Personen-Haushalt) hat seit den 1970er Jahren stark zugenommen.

PA

Aufgabe 4: *Um ihre vielfältigen Aufgaben zu erfüllen, ist die Familie auf Einkünfte und gemeinsames Haushalten angewiesen. Wer kann zum Einkommen und zum Haushalten der Familie beitragen?*

GA

Aufgabe 5: *Es ist meist bereichernd, wenn Antworten/Ergebnisse ausgetauscht werden. Diesmal sollen die Antworten zu Aufgabe 4 ausgetauscht werden.*

Lernwerkstatt SOZIOLOGIE
Der Mensch in der Gemeinschaft – Bestell-Nr. 11 420
KOHL VERLAG

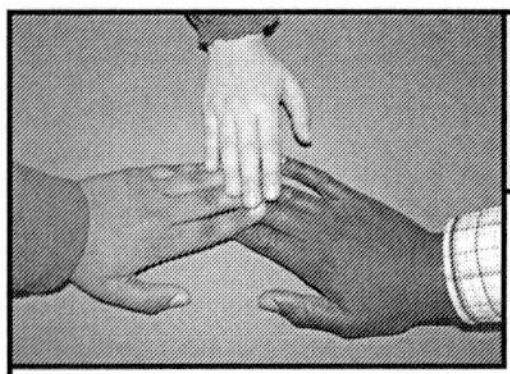

3. Die Familie

PA

Aufgabe 6:

Von den Aufgaben der Familie war schon die Rede, aber welche Aufgaben sind das? Schreibe sie stichwortartig auf.

GA

Aufgabe 7: *Auch diesmal sollen die Notizen zu Aufgabe 6 mündlich ausgetauscht werden. Falls eine Aufgabe genannt wird, die du nicht notiert hattest, trägst du sie noch ein.*

PA

Aufgabe 8: *An den verschiedenen Aufgaben in der Familie ist nicht jedes Familienmitglied in gleicher Weise und nicht in gleichem Maße beteiligt. Wer könnte in dieser Familie welche Aufgaben übernehmen?*

Familienmitglied	**Aufgaben stichwortartig notieren**
Vater	
Mutter	
Tochter (13 Jahre)	
Tochter (9 Jahre)	
Sohn (8 Monate)	

3. Die Familie

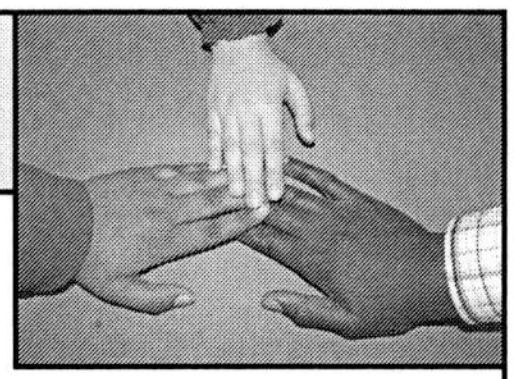

GA **Aufgabe 9:** *Tauscht eure Notizen mündlich aus und ergänzt.*

PA **Aufgabe 10:** *Die beiden älteren Kinder der Familie können durchaus dazu beitragen, dass der Geldbeutel der Eltern stärker geschont wird. Die älteste Tochter muss nicht ständig mehr Taschengeld fordern. Und beide Kinder können ihre Zimmer, die Einrichtung und die Kleidung schonen und sauber halten. Außerdem muss schließlich auch nicht alles, wofür in Schaufenstern, im Fernsehen oder im Internet Werbung gemacht wird, gekauft werden. Das fällt manchen Kindern und Jugendlichen nicht leicht. Schwierig ist es vielleicht schon, zu verzichten auf ...*
Berichtet darüber, wie ihr den Geldbeutel eurer Familie geschont habt und notiert stichwortartig.

GA **Aufgabe 11:** *Tragt eure Aufzeichnungen vor und ergänzt die eigenen Notizen.*

Die Beispielfamilie oben hat drei Kinder. Drei Kinder – das kann viel oder wenig sein. Tatsache ist, dass die Geburtenzahlen rückläufig sind. Manchmal ist sogar von einer Einzelkind-Gesellschaft die Rede. Das entspricht jedoch nicht den Tatsachen: Lediglich 24% aller Kinder in Deutschland sind zur Zeit Einzelkinder. Woran liegt es, dass heute viel mehr Kinder in Kleinfamilien leben als früher?

- Heute sind die Ehepartner bei der Heirat älter.
- Die finanziellen Probleme der Familien nehmen in den letzten Jahren zu.
- Viele Frauen möchten nach einem (höheren) Schulabschluss eine Ausbildung machen und danach im erlernten Beruf arbeiten.
- Die Verbindung von Beruf und Familie mit Kind(ern) ist nur schwer zu realisieren.

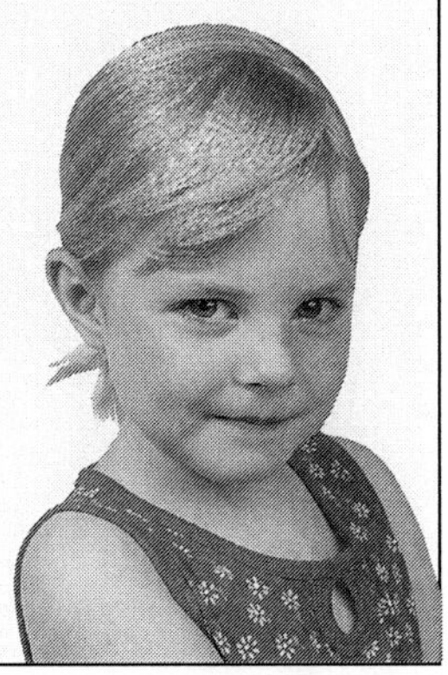

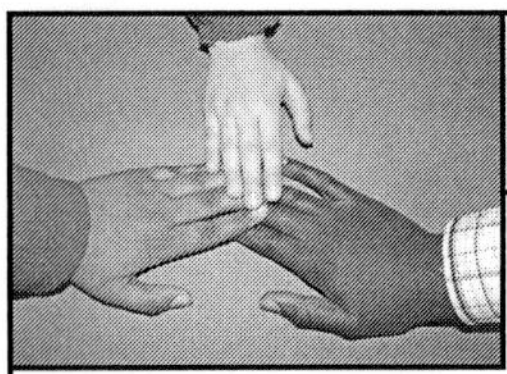

3. Die Familie

Aufgabe 12: *Sprecht über die folgenden Behauptungen und Fragen. Es ist zunächst wichtig*

- *nur zuzuhören,*
- *Kommentare zu den Äußerungen der Mitschüler zu unterlassen – sie sind leider nicht immer hilfreich.*
- *Wenn du anderer Meinung bist, solltest du sie unaufgeregt und begründet vortragen.*
- *Es ist nichts ärgerlicher, als wenn jemand auf seiner Meinung beharrt, ohne sie zu begründen. Vergiss also die Begründungen nicht.*
- *Übereilt die Gespräche nicht. Fünf Minuten pro Frage/Behauptung sind nicht zu lang.*

a) *Es ist in jedem Fall besser, wenn beide Eltern berufstätig sind.*

b) *Wenn ein Paar ein Kind oder mehrere Kinder hat, sollte es verheiratet sein.*

c) *„Mädchen brauchen keine (Berufs-) Ausbildung, die heiraten ja doch."*

d) *Männer sollten sich im Haushalt viel mehr beteiligen, und nicht immer nur das Auto pflegen.*

e) *„Die Männer/Väter kümmern sich zwar um die Kinder. Aber dann tun sie das, was ihnen Spaß macht, mit den Kindern spielen usw. Die richtige Arbeit machen sie nicht."*

f) *„Als Frau und Mutter und Berufstätige habe ich zwei Schichten. Die eine bei der Arbeit, und die andere zu Hause. Hier geht die Arbeit weiter, ich muss Essen zubereiten, die Wäsche versorgen, waschen und bügeln und so, und dann noch die Wohnung reinigen."*

g) *Personalchef: „Ich habe hier vier Bewerbungen liegen. Die Bewerberinnen sind alle gleich gut. Aber hier, Frau D: sie ist 25 Jahre alt und frisch verheiratet. Wenn sie bald schwanger wird, ist sie gerade eingearbeitet und fällt dann immer mal aus. Frau D. kommt also schon nicht infrage, ich schreibe ihr ab."*

h) *„Man sollte es durch ein Gesetz verbieten, dass Mütter mit Kindern im schulpflichtigen Alter berufstätig werden."*

i) *Frau A. zu Frau B.: „Meine Tochter ist jetzt Drei geworden, jetzt kann ich wieder arbeiten gehen. Wenn ich morgens aus dem Haus bin, ist sie bei meinen Eltern. Nachmittags hole ich sie dann ab."*

j) *„Wenn Mütter arbeiten, hat das Nachteile für die Entwicklung der Kinder."*

Lernwerkstatt SOZIOLOGIE
Der Mensch in der Gemeinschaft – Bestell-Nr. 11 420
KOHL VERLAG

4. Status und Rolle

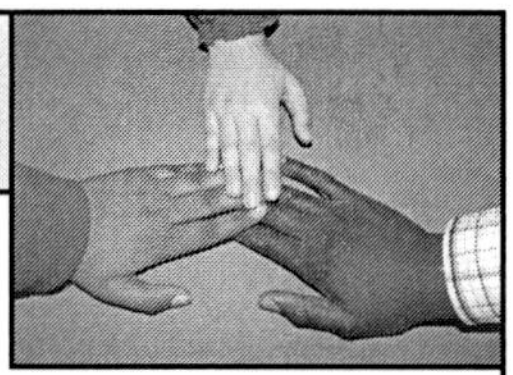

Menschen leben immer in Gruppen. Innerhalb einer Gruppe hat/genießt jeder ein bestimmtes Ansehen, das als **Status** bezeichnet wird. „Ansehen“ besagt, dass man von anderen Gruppenmitgliedern gesehen wird. Aber nicht einfach nur gesehen, sondern gleichzeitig mehr oder weniger hoch geschätzt.

GA **Aufgabe 1:** *Zu diesen Aussagen sollen jetzt kurz Beobachtungen und Erlebnisse mündlich ausgetauscht werden.*

GA **Aufgabe 2:** *Tauscht eure Überlegungen zu dieser Frage aus:*

- *Der Status einer Person kann höher oder geringer sein. Wer hat einen höheren oder einen niedrigeren Status, um welche Personengruppen kann es sich (ohne Namen zu nennen) handeln?*

GA **Aufgabe 3:** *Für die Bewertung des Status` einer Person gibt es Merkmale wie Einkommen, Vermögen, Bildung, Macht oder Rechte.*

Sucht Beispiele für

- *Personen mit größerem oder geringerem Status, wobei das Einkommen maßgebend ist;*
- *Personen mit unterschiedlichem Status, wobei die Bildung eine Rolle spielt und*
- *Personen mit unterschiedlichem Status, wobei die Macht das Unterscheidungsmerkmal ist.*

Der soziale Status weist jeder Person einen Platz in einer Gruppe, in einer Organisation oder der Gesellschaft zu. Damit wird dieser Person eine ganz bestimmte **soziale Rolle** zugeschrieben. Die soziale Rolle besteht aus einem ganzen Bündel an Verhaltenserwartungen, die das Verhalten beschreiben, das von dem Träger der Rolle (Rollenträger) erwartet wird.

GA **Aufgabe 4:** *Jede Person hat nicht nur einen einzigen Status: Man ist z. B. Schülerin, Tochter, Schwester, Jugendliche, Sportlerin und Freundin. Jedem Status wird eine Rolle zugeschrieben, an die Erwartungen gestellt werden.*
Diese Erwartungen zielen auf bestimmte Verhaltensweisen ab.

Sprecht über die Rollenerwartungen zu jedem genannten Status:

- *Worin bestehen die Rollenerwartungen, welches Verhalten wird erwartet?*
- *Welcher Status ist in eurem Alter außerdem möglich? Sprecht auch hierzu über die Rollenerwartungen.*

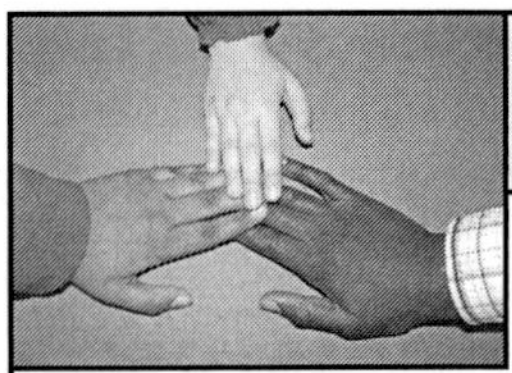

5. Soziale Schichtung

Jedem Mitglied einer Gesellschaft kann eine ganze Reihe von Merkmalen zugeordnet werden: Alter, Haarfarbe, Konfessionszugehörigkeit oder Körpergröße. Diese Merkmale sind aber kaum von sozialer Bedeutung.

Von weitaus größerer Bedeutung sind Merkmale, die das gegenseitige Verhalten der Menschen beeinflussen. Solche Merkmale sind z. B.

- **Einkommen und Vermögen,**
- **Macht,**
- **Prestige und**
- **kulturelle Lebensbedingungen**.

Wir können eine Gesellschaft nach solchen Merkmalen einteilen. Dann fasst man jeweils solche Personen zusammen, die im Hinblick auf ein bestimmtes Merkmal gleich oder ähnlich sind.
Entsprechende Personengruppen werden als „Schicht" innerhalb der Gesamtbevölkerung bezeichnet.

Einkommen und Vermögen

Die gegenwärtigen Industriegesellschaften wie Deutschland zeigen eine ziemlich auffällige Einkommens- und Vermögensschichtung:
Das reichste Fünftel der Bevölkerung in Deutschland besitzt zum Beispiel fast 70 % der gesamten Ersparnisse, während das ärmste Fünftel im Durchschnitt nur Schulden hat.
(Solche Zahlen findet man in den „Armuts- und Reichtumsberichten" der Bundesregierung).

PA

Aufgabe 1: *Wie stellst du dir einen Angehörigen der einkommensstarken Schicht vor? Einigt euch auf eine gemeinsame Formulierung.*

____

____

____

PA

Aufgabe 2: *Wie stellst du dir einen Angehörigen der einkommensschwachen Schicht vor?*

____

____

____

Lernwerkstatt SOZIOLOGIE – Bestell-Nr. 11 420
Der Mensch in der Gemeinschaft
KOHL VERLAG

5. Soziale Schichtung

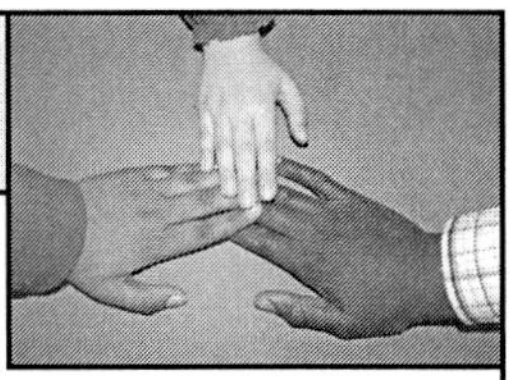

Aufgabe 3: *Wir haben zwischen einkommensstarken und einkommensschwachen Schichten unterschieden. (Unter „Armut“ oder Einkommensschwäche wird im Allgemeinen ein Einkommen von 50 % des Durchschnittseinkommens verstanden).*
Oft wird gesagt, es seien ja nur ziemlich wenige bereit, eine lange und kostspielige Ausbildung für einen guten Beruf mit gutem Einkommen zu machen.

PA

Wie lassen sich die Voraussetzungen für eine lange Ausbildung einschätzen?

Berücksichtigt dabei:

a) ***Die Einkommens- und Vermögensschicht der Eltern:***
- *Welche Mittel stehen für die Ausbildung der Kinder zur Verfügung?*

b) ***Die Erwartung der Eltern:***
- *Werden Eltern, die bei Bildung, Kultur und Beruf hohe Ansprüche stellen, solche Ansprüche auch ihren Kindern ermöglichen wollen?*

c) ***Eigenes Ziel:***
- *Welche Rolle spielen der eigene Wunsch nach einer guten Ausbildung und eigene Anstrengungen dafür?*
- *Warum ist eine gute Ausbildung wichtig?*
- *Sollte man sich über seine Neigungen und Ziele möglichst früh klar werden?*

Überlegt und schreibt stichwortartig eure Ergebnisse auf. Vergesst auch die Begründungen nicht.

GA

Aufgabe 4: *Tauscht im Gespräch eure Arbeitsergebnisse aus und notiert, was ihr noch nicht berücksichtigt habt.*

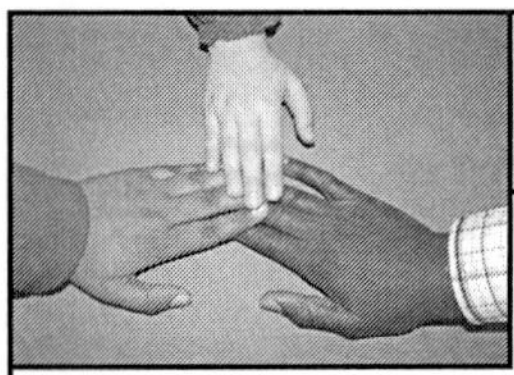

5. Soziale Schichtung

PA

Aufgabe 5:

Die Schichtung nach Einkommen und Vermögen in Deutschland zeigt eine starke Ungleichheit der Lebenslagen. Tatsächlich sind in den letzten Jahrzehnten immer mehr Menschen von Armut bedroht. Wer weniger verdient, kann auch weniger Geld für die Ausbildung der Kinder ausgeben.

Überlegt euch Möglichkeiten, wie gerade einkommensschwächere Familien bei der Ausbildung der Kinder unterstützt werden können. Sollte es mehr Unterstützungen wie zum Beispiel Kindergeld oder Ausbildungsförderung (wie Berufsgrundbildungsjahr) geben?

Überlegt und schreibt stichwortartig eure Ergebnisse auf. Vergesst die Begründungen nicht.

GA

Aufgabe 6: *Tauscht im Gespräch eure Arbeitsergebnisse aus und notiert, was ihr noch nicht berücksichtigt habt.*

5. Soziale Schichtung

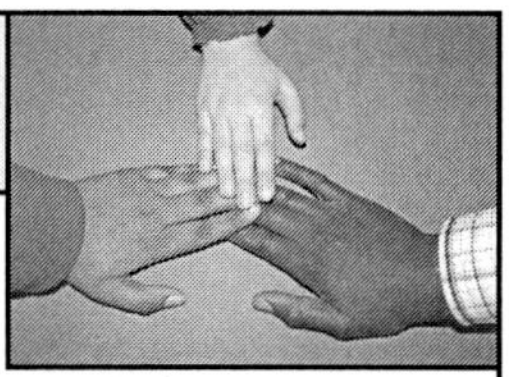

PA

<u>Aufgabe 7</u>: *Im Gespräch sollt ihr über die folgenden Sätze nachdenken und eure Beobachtungen und Erfahrungen oder Meinungen austauschen.*

Danach sollt ihr eine gemeinsame Einschätzung versuchen und in der Skala ankreuzen.

Wenn ihr einen der Sätze absolut nicht akzeptieren könnt, kreuzt ihr bei Minus 3 an. Wenn er wenig zutreffend erscheint, wird Minus 1 angekreuzt. Bei völliger Zustimmung kreuzt ihr bei Plus 3 an, bei weniger Zustimmung bei Plus 1 oder Plus 2.

	–3	**–2**	**–1**	**0**	**+1**	**+2**	**+3**
Wenn schon Eltern zu den gering Verdienenden gehören, werden auch deren Kinder später dazu gehören.							
Die Schulbildung entscheidet über Einkommen, Gruppen- und Schichtzugehörigkeit.							
Die körperliche Leistungsfähigkeit entscheidet über Einkommen und Gruppen- und Schichtzugehörigkeit.							
Die geistige Leistungsfähigkeit entscheidet über Einkommen und Gruppen- und Schichtzugehörigkeit.							
Das Milieu/die soziale Umgebung entscheidet über Einkommen und Gruppen- und Schichtzugehörigkeit.							
Es gibt Ereignisse, die über Einkommen und Gruppen- und Schichtzugehörigkeit bestimmen.							

KOHL VERLAG
Lernwerkstatt SOZIOLOGIE
Der Mensch in der Gemeinschaft – Bestell-Nr. 11 420

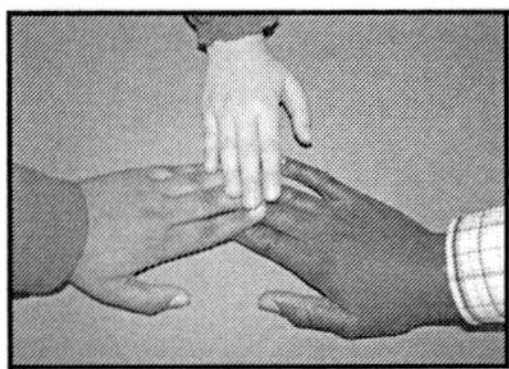

5. Soziale Schichtung

Macht

Mit dem Begriff Macht ist ein soziales Verhältnis gemeint, in dem bestimmte Personen oder Personengruppen die Möglichkeit haben, auf andere Personen oder Gruppen Einfluss zu nehmen.

PA

Aufgabe 1: *Schüler sind eine der Personengruppen, auf die Macht ausgeübt wird. Die Macht wird ausgeübt von Personen, die sich in einer Machthierarchie befinden.*

➲ *Hierarchie meint hier eine Ordnung von Personen/Gruppen mit von oben nach unten abnehmender Bedeutung = Machtbefugnis.*

Bringt diese Personen in eine hierarchische Ordnung, indem ihr sie ihrer Machtbefugnis gemäß in die Zeilen von oben nach unten eintragt:

Lehrer, Kultusminister, Schüler, Schulleiter, Schulamtsdirektor

Kultusminister sind Politiker, die meist einer politischen Partei angehören. Politische Parteien sind es also, die ein bildungspolitisches Konzept haben, das ihr Parteimitglied in die Praxis umsetzt, wenn dieses Parteimitglied Kultusminister(in) wird.
Auch du kannst bald alle vier oder fünf Jahre Macht ausüben auf das, was in der Schule geschieht.

Lernwerkstatt SOZIOLOGIE
Der Mensch in der Gemeinschaft – Bestell-Nr. 11 420
KOHL VERLAG

5. Soziale Schichtung

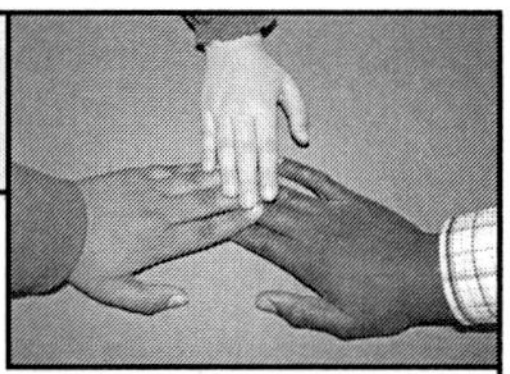

PA

Aufgabe 2: ***Bildung – Wissen – Erfolg – Macht***

Wenn du einer politischen Partei beitrittst, kannst du deine Vorstellungen über Erziehung und Unterricht und über Bildung in die Politik einbringen. Das geht schon im Ortsverband einer politischen Partei. Deine Vorstellungen zu diesen Themen hast du aber nicht von Natur aus; du musst dich informieren und Argumente sammeln und abwägen. Um das zu lernen, müssen verschiedene Voraussetzungen vorhanden sein.

Überdenke die folgenden Sätze und schätze sie mithilfe der fünfstufigen Skala ein. Die Skala reicht von „völliger Zustimmung" bei Vier bis zu „völliger Ablehnung" bei Null.

	4	3	2	1	0
Durch Wissen gelangt man zu politischem Einfluss und zu Macht.					
Dieses Wissen muss man sich durch langes und intensives Lernen erwerben.					
Die Eltern müssen schon sehr gebildet sein, um ein Vorbild für die Kinder zu sein.					
Wenn die Eltern „einfache Leute" sind, werden sie sich bei ihren Kindern kaum um eine umfassende Bildung bemühen.					
Kinder armer Eltern lernen weniger als Kinder reicher Eltern.					
Aus Denken (sich informieren und argumentieren) kann Erfolg und Macht (s. Textfeld oben auf Seite 23) entstehen.					
Dieses Denken wird in der Schule gelernt.					
An meiner Schule habe ich die Möglichkeit, meine Vorstellungen über Erziehung, Schule und Unterricht einzubringen.					
Mir genügt es schon, wenn ich bei den Wahlen zum Klassen- oder Schulsprecher mit abstimmen kann.					
Abstimmen ist wichtig, aber informiert argumentieren ist wichtiger.					
Wer informiert argumentiert hat Einfluss auf seine Mitmenschen und auf die Politik.					

KOHL VERLAG
Lernwerkstatt SOZIOLOGIE
Der Mensch in der Gemeinschaft – Bestell-Nr. 11 420

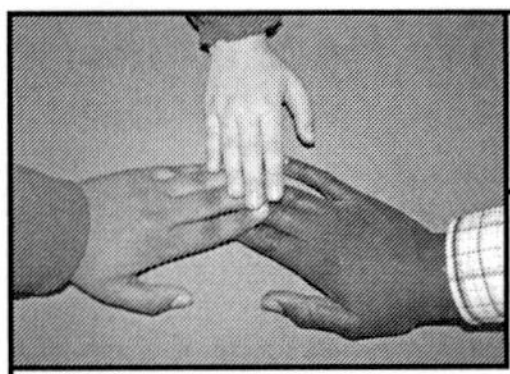

5. Soziale Schichtung

Prestige

Prestige ist das gesellschaftliche Ansehen, das eine Person oder eine Gruppe genießt.

Du hast bisher als Merkmale der Schichtung Einkommen/Vermögen und Macht kennen gelernt. Als weiteres Merkmal kommt jetzt noch das Prestige hinzu.

PA

Aufgabe 1: *Wie verhalten sich diese drei Schichtungsmerkmale zueinander?*

Es gibt Berufe, bei denen die Schichtungsmerkmale Einkommen/ Vermögen, Macht und Prestige hoch eingeschätzt werden. Das ist z. B. bei einem Bankier der Fall. Ein ungelernter Hilfsarbeiter dagegen hat bei allen drei Merkmalen einen geringen Status (vgl. S. 17).
Es gibt auch Berufe, bei denen die Schichtungsmerkmale und ihre Einschätzung sehr unterschiedlich verteilt sind.
Wie können die drei Merkmale bei Ärzten, Pfarrern, Künstlern oder Wissenschaftlern verteilt sein?

Sprecht hierüber und notiert stichwortartig eure Gesprächsergebnisse.

- *Bei Ärzten:*

____

____

- *Bei Pfarrern:*

____

____

- *Bei Künstlern:*

____

____

- *Bei Wissenschaftlern:*

____

____

GA

Aufgabe 2: *Tauscht im Gespräch eure Arbeitsergebnisse aus und verändert gegebenenfalls die eigenen Notizen.*

Lernwerkstatt SOZIOLOGIE Der Mensch in der Gemeinschaft – Bestell-Nr. 11 420
KOHL VERLAG

5. Soziale Schichtung

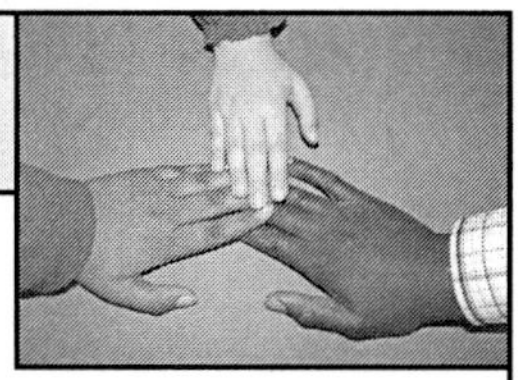

Aufgabe 3: *In den vorigen Arbeitsaufträgen wurde deutlich, dass gesellschaftliche Anerkennung und Einkommen ziemlich weit auseinander liegen können: Ein schlecht bezahlter Wissenschaftler kann aufgrund seiner Leistungen durchaus hohe Anerkennung bekommen.*

Das ist überlegenswert:

➲ *Müssten nicht die höchsten Löhne an die gezahlt werden, die Arbeiten verrichten, die eigentlich niemand gern macht? Schreibt eure Gesprächsergebnisse stichwortartig auf – und vergesst die Begründung nicht.*

___

___

___

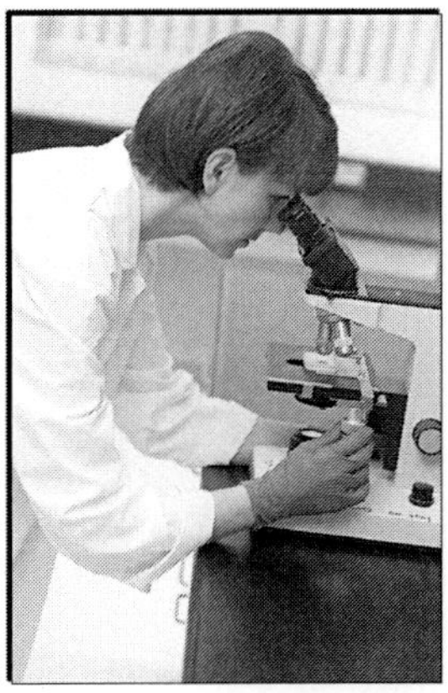

➲ *Und wie müssten im Vergleich dazu die „angenehmeren“ Berufe bezahlt werden?*

___

___

___

___

➲ *Oft ist es so, dass die „angenehmeren“ Berufe eine längere Ausbildung erfordern. In die „unbeliebten“ Berufe ist man ziemlich schnell eingearbeitet. Sollte bei der Bezahlung die Dauer der Ausbildung eine Rolle spielen?*

___

___

___

___

___

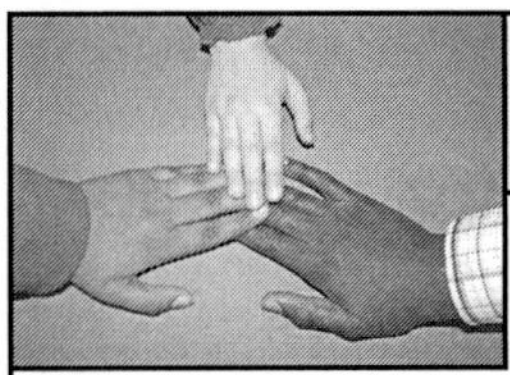

5. Soziale Schichtung

PA

Aufgabe 4: *Früher wurde bei uns der Status eines Menschen bereits durch seine Geburt bestimmt; er wurde in die „Schicht“ hineingeboren. Das gibt es heute noch in Indien mit seinen Kasten. Die Kaste ist eine abgeschlossene gesellschaftliche Schicht, in der man ein Leben lang verbleibt. Die Kasten selber sind in einer Rangfolge mit sehr unterschiedlichem Ansehen geordnet.*

Heute geht es in unserem (europäischen) Schichtungssystem um die Merkmale Vermögen/Einkommen, Macht und Prestige. Auch bei uns spielen noch Abgrenzungen zwischen gesellschaftlichen Schichten eine Rolle. Gerade beim Prestige lassen sich viele kulturelle Abgrenzungen beobachten.

Eine kulturelle Abgrenzung äußert sich als Verhalten, man geht in ..., man besucht eine ...
In eine Oper zum Beispiel wird eher ein Angehöriger der kulturellen Oberschicht gehen.

➲ *Sprecht in diesem Zusammenhang über das nur angedeutete Verhalten und über „kulturelle Abgrenzung“.*
Vielleicht helfen diese Begriffe weiter:

Heimatmuseum – Ausstellung abstrakter Kunst – Popkonzert – Kinobesuch – Oper – Modenschau – Fernsehabend – (Lebens-)Alter – geringeres/höheres Einkommen

➲ *Lässt sich „kulturelle Abgrenzung“ zu den Schichten in eine Beziehung setzen?*
Sprecht zu dieser Frage und notiert kurz eure Ergebnisse.
Berücksichtigt dabei auch die Schichtung nach Bildung/Ausbildung.

____

____

____

____

____

GA

Aufgabe 5: *Tauscht mündlich eure Gesprächsergebnisse aus und notiert, was ihr noch nicht berücksichtigt hattet.*

5. Soziale Schichtung

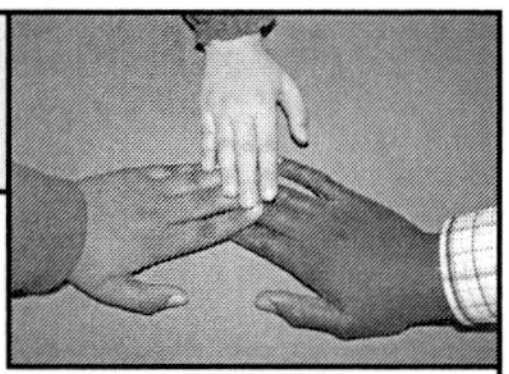

PA

Aufgabe 6: *Du hattest dich mit Berufen befasst, bei denen die Schichtmerkmale unterschiedlich verteilt waren. Bei Ärzten und Wissenschaftlern hält sich das Einkommen und auch der gesellschaftliche Einfluss meist in Grenzen – aber das Ansehen der Menschen in diesen Berufen ist hoch.*

Die Beurteilung durch die Mitmenschen hat eine andere Grundlage als bei der Beurteilung von Geschäftsleuten. Dabei geht es also nicht um Vermögen und Geld, sondern um ***Können****.*

➲ *Sammelt in Stichworten Beispiele, bei welchen Berufen das Können und der entsprechende Prestigegewinn eine Rolle spielt.*

Diese Begriffe können helfen:

sportliche Leistungen – geistige Leistungen –
künstlerische Fähigkeiten und Fertigkeiten – mitmenschliche Fähigkeiten –
handwerkliche Fertigkeiten

GA

Aufgabe 7: *Tauscht eure Notizen mit den Beispielen mündlich aus und ergänzt die eigenen Notizen.*

PA

Aufgabe 8: *Geht eure Notizen durch und tauscht eure Gedanken zu dieser Frage aus:*

Für junge Menschen (Schüler) ist es nicht einfach, ihr Können in den verschiedenen Bereichen realistisch einzuschätzen.

➲ *Durch welches Können würdest du am liebsten an Prestige gewinnen?*

Lernwerkstatt SOZIOLOGIE
Der Mensch in der Gemeinschaft – Bestell-Nr. 11 420
KOHL VERLAG

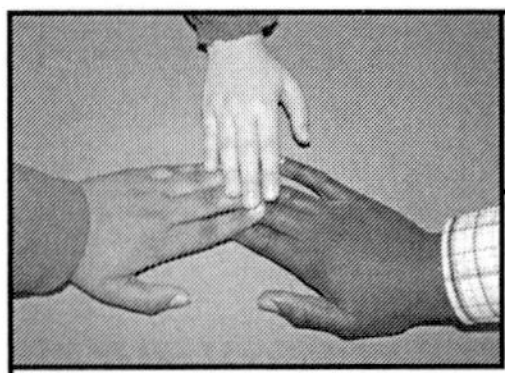

6. Geschlechterrollen

PA

<u>Aufgabe 1</u>:

Jedes Mitglied einer Gruppe hat eine bestimmte Rolle übernommen, die sich als Verhalten zeigt. In der Gruppe der Familie gibt es die Rollen der erziehenden Person(en) und die des Kindes oder der Kinder. Woran erkennst du das Verhalten des/der Erziehenden, und wie äußert es sich? Sprecht kurz über diese Frage und einigt euch auf eine schriftlich formulierte Antwort.

GA

<u>Aufgabe 2</u>: *Tauscht mündlich eure Gesprächsergebnisse aus und verändert gegebenenfalls die eigenen Notizen.*

PA

<u>Aufgabe 3</u>: *Auch Kinder zeigen ein bestimmtes Rollenverhalten. Sprecht über diese Fragen und einigt euch auf kurze schriftliche Antworten.*

a) *Ist das Rollenverhalten eines 10-jährigen Sohnes anders als das Verhalten einer 10-jährigen Tochter?*

b) *Gibt es rollenspezifisches Verhalten, typisch Mädchen, typisch Jungen? Wenn ja, wie äußert es sich?*

c) *Ist dieses Verhalten naturgegeben, oder wird es gelernt? Belegt eure Antwort mit einem Beispiel.*

KOHL VERLAG
Lernwerkstatt SOZIOLOGIE
Der Mensch in der Gemeinschaft – Bestell-Nr. 11 420

6. Geschlechterrollen

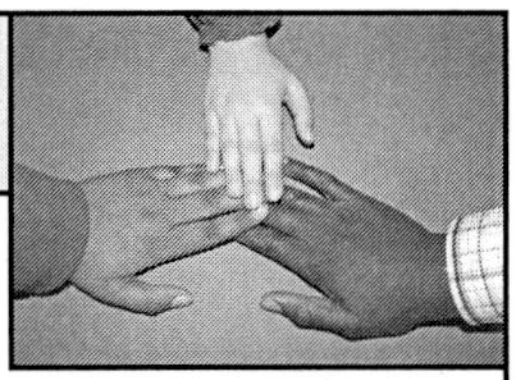

GA

Aufgabe 4: *Tauscht eure Gesprächsergebnisse aus und verändert gegebenenfalls eure Notizen.*

GA

Aufgabe 5: *Sobald das Geschlecht eines Kindes feststeht, kommen schon auf den Säugling ganz bestimmte Rollenerwartungen zu. Es sind dann Eltern und Großeltern, die schon kurz nach der Geburt des Kindes „wissen", „was aus dir mal werden kann". Tauscht hierzu eure Beobachtungen aus.*

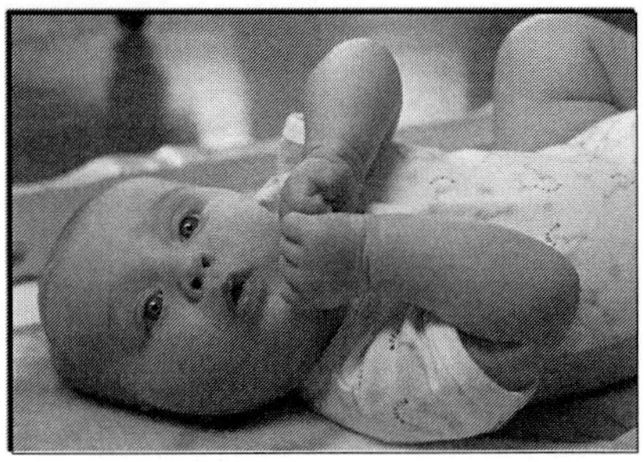

EA

Aufgabe 6: *Wenn das Kind aus dem Säuglingsalter heraus und Kleinstkind ist, erfährt es immer präzisere Rollenerwartungen der Bezugspersonen (Eltern, Großeltern, andere Verwandte, Geschwister).*
Nach dem Kleinkindalter folgt das Schulalter, und die Rollenerwartungen werden noch häufiger und auch präziser geäußert.

Weil du entsprechende Beobachtungen und Erfahrungen gemacht hast, wirst du die Geschenke zu Weihnachten oder zum Geburtstag leicht zuordnen und in die Zeilen eintragen können.

Die Geschenke:
Spielzeugauto – Fußball – Kaufmannsladen – Abenteuer-DVD – Pferdebuch – Puzzlespiel – Schminkköfferchen – Kartenspiel „Fahrzeuge" – Kartenspiel „Tiere" – Farbkasten – Bastelpapier – Metallbaukasten – Werkbank – Zauberkasten

Tabea (7) bekam in den letzten beiden Jahren:	Justin (7) bekam in den letzten beiden Jahren:

KOHL VERLAG
Lernwerkstatt SOZIOLOGIE
Der Mensch in der Gemeinschaft – Bestell-Nr. 11 420

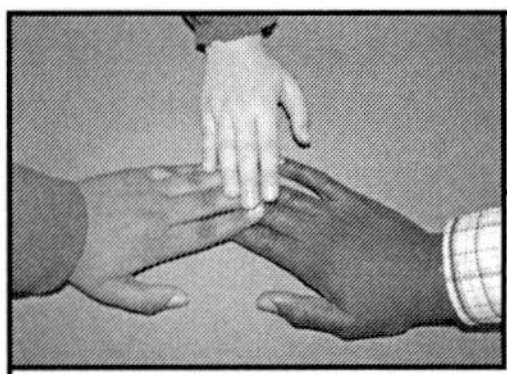

6. Geschlechterrollen

PA

Aufgabe 7: *Man kann davon ausgehen, dass die schenkenden Eltern und Großeltern mit den Geschenken bestimmte Rollenerwartungen verbinden und sie auch aussprechen:*
„Vielleicht wird ja mal aus dem Jungen ein ...“.
Oder: „Ja, das Geschenk passt zu ..., sie wird später bestimmt mal ...“

Schreibt in Stichworten Beispiele hierzu auf.

____

____

____

GA

Aufgabe 8: *Tauscht mündlich eure Beispiele zu Aufgabe 7 aus und ergänzt die eigenen Notizen.*

Rollenerwartungen sind nicht nur mit Geschenken zu Weihnachten oder zum Geburtstag verbunden. Auch geistige Leistungen der Kinder werden unterschiedlich bewertet und mit Erwartungen verbunden. Selbst bei gleichen Leistungen ist das der Fall. Dann wird der Erfolg der Tochter in Mathematik als Ergebnis von Fleiß gelobt. Der gleiche Erfolg des Sohnes wird hingegen als Ergebnis von Talent gesehen: „Man sieht schon, er hat Talent, mit Zahlen umzugehen.“

PA

Aufgabe 9: *Die Tochter und der Sohn werden im Laufe der Zeit eine Einstellung zum Fach Mathematik entwickeln. Wessen Einstellung zur Mathematik wird günstiger sein – und warum wird das so sein?*

Einigt euch auf eine Antwort und schreibt sie hier auf.

____

____

____

____

GA

Aufgabe 10: *Tauscht mündlich eure Antworten zu Aufgabe 9 aus und verändert gegebenenfalls die eigenen Notizen.*

Lernwerkstatt SOZIOLOGIE
Der Mensch in der Gemeinschaft – Bestell-Nr. 11 420
KOHL VERLAG

6. Geschlechterrollen

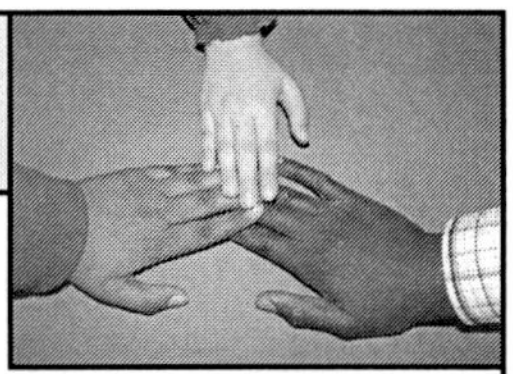

Es sind nicht nur Rollenerwartungen, die unser Rollenverhalten als Jungen, Mädchen, Frau oder Mann beeinflussen.
Entscheidend ist auch das Vorbild der Eltern. Dann spielt es eine Rolle, ob die Mutter außer Haus arbeitet, und welche Tätigkeit sie ausübt.
Und dann ist es noch wichtig, wie die Eltern ihre Berufstätigkeit und die Familieninteressen miteinander in Einklang bringt.
Aber auch heute noch wird die traditionelle Arbeitsteilung in der Familie gelebt. Danach gilt es noch weithin als selbstverständlich, dass überwiegend die Frau für die Versorgung der Kinder zuständig ist.

PA

Aufgabe 11: *Immer noch ist die Frau als Mutter in der Familie weitgehend für die Erziehung und Versorgung der Kinder zuständig. Und weiter oben war auch die Rede vom Einfluss elterlicher Vorbilder auf das Lernen von Rollenverhalten.*

Frau und Mutter erzieht und versorgt → *und hat Einfluss auf die Tochter.*

a) *Einigt euch auf die Art des Einflusses und tragt sie stichwortartig ein: Welches Verhalten wird die Tochter wahrscheinlich übernehmen?*

b) *Dieses Rollenverhalten ist wahrscheinlich auch vorteilhaft in bestimmten Berufen. Berichtet kurz hierzu Beispiele.*

PA

Aufgabe 12: *Tauscht mündlich eure Arbeitsergebnisse aus.*

PA

Aufgabe 13: *Wenn die Frauen/Mütter sich mehr auf den häuslichen Bereich konzentrieren, können die Männer/Väter häusliche und familiäre Aufgaben stärker vernachlässigen. Sie werden sich auf die Lebenswelt außerhalb der eigenen Familie konzentrieren. Hat dieses väterliche Vorbild Einfluss auf das Rollenverhalten der Söhne? Wenn ja, mit welchem Ergebnis? Einigt euch auf eine gemeinsame Antwort, die ihr in Stichworten notiert.*

Lernwerkstatt SOZIOLOGIE
Der Mensch in der Gemeinschaft – Bestell-Nr. 11 420
KOHL VERLAG

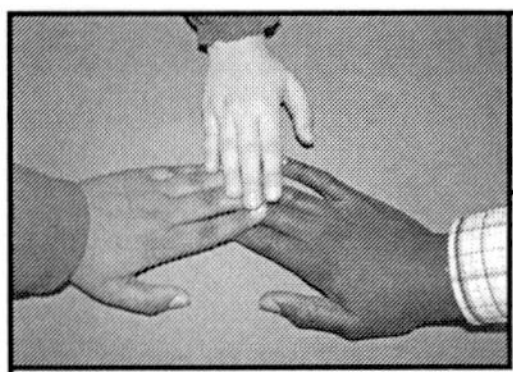

6. Geschlechterrollen

<u>Aufgabe 14</u>: *Tauscht mündlich eure Antworten zu Aufgabe 13 aus und verändert gegebenenfalls die eigenen Notizen.*

<u>Aufgabe 15</u>: *Sprecht über diese Aussagen und bemüht euch, sachlich zu bleiben.*

a) *Ehemänner sollten sich die Hausarbeit gleichberechtigt mit den Ehefrauen teilen.*

b) *Es genügt eigentlich, wenn der Ehemann im Haushalt hilft.*

c) *Es soll vor allem die Mutter sein, die das Kind/die Kinder erzieht.*

d) *Der Ehemann sollte in gleichem Maße erziehen.*

<u>Aufgabe 16</u>: *Sprecht über diese Aussagen – und vor allem, begründet eure Vorstellungen.*

Die Situation:
Du lebst in einigen Jahren in einer Lebensgemeinschaft als Mutter oder Vater mit zwei Kindern.

a) *Der Vater soll Hauptversorger der Familie sein.*

b) *Die Mutter sollte immer/ab und zu außer Haus arbeiten und so zum Familieneinkommen beitragen.*

c) *Die Mutter soll nicht mitarbeiten, sondern nur den Haushalt und die Kinder versorgen.*

Du hast verstanden, wie der Einfluss der Eltern das Rollenverhalten der Geschlechter beeinflusst. Darüber hinaus sind es auch die **Gleichaltrigen** (Jugendlichen), die sich gegenseitig beeinflussen.

6. Geschlechterrollen

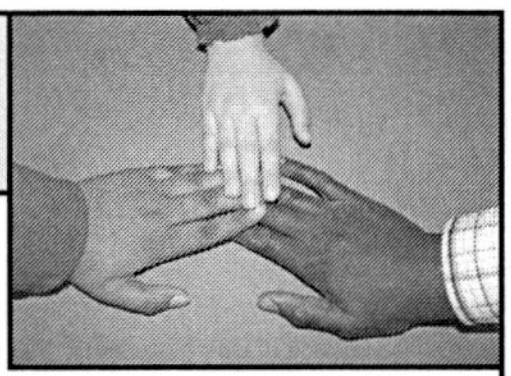

PA

Aufgabe 17: *Was männlich und was weiblich ist, wird versucht auch durch Kleidung deutlich werden zu lassen.*
Die Frage ist nur,

- *worin besteht bei der 14-Jährigen die typisch weibliche Kleidung?*
- *Und worin besteht beim 14-jährigen Jungen die typisch männliche Kleidung?*

Sprecht über diese Fragen und schreibt eure Antworten in Stichworten auf.

GA

Aufgabe 18: *Tauscht mündlich eure Ergebnisse aus.*

GA

Aufgabe 19: *In euren Kinderjahren haben eure Eltern vorgegeben, was ihr anziehen sollt. Irgendwann hattet ihr dann aber eigene Vorstellungen. Sprecht über diese Fragen:*

- *Wie alt wart ihr, als ihr eigene Vorstellungen über eure Kleidung hattet?*
- *Wodurch kam es dazu? Woher hattet ihr die Anregungen zur Veränderung?*
- *Wie haben eure Eltern auf eure veränderten Vorstellungen reagiert?*

PA

Aufgabe 20: *Sprecht über diese Fragen und begründet eure Antworten.*

- *Siehst du dir bewusst Werbung an, um für dich herauszufinden, welche Kleidung modern (und was „in“) ist?*
- *Wenn ja, um welche Werbung handelt es sich?*
- *Ist es für dich wichtig, wie die Gleichaltrigen gekleidet sind?*
- *Möchtest du manchmal wie andere Schüler gekleidet sein, oder möchtest du es auf gar keinen Fall?*
- *Ist es für dich wichtig, „mit der Mode zu gehen“?*

KOHL VERLAG
Lernwerkstatt SOZIOLOGIE
Der Mensch in der Gemeinschaft – Bestell-Nr. 11 420

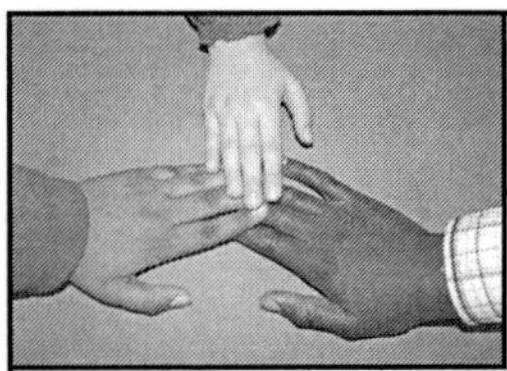

6. Geschlechterrollen

PA

Aufgabe 21: *Sprecht über diese Fragen und notiert in Stichworten eure Gesprächsergebnisse.*

- *Haben die dir bekannten Gleichaltrigen mehr oder weniger Einfluss auf deine Auswahl der Kleidungsstücke?*

  ___

- *Versuchst du (bewusst oder weniger bewusst) Einfluss zu nehmen auf die Auswahl der Kleidung bei deinen Schulfreunden?*

  ___

GA

Aufgabe 22: *Tauscht mündlich eure Gesprächsergebnisse aus.*

PA

Aufgabe 23: *Es geht ja nicht nur um Kleidung, die typisch sein soll für das, was als weiblich oder als männlich zu gelten hat.*

Haltung, Mimik und Gestik können ebenso dazu gehören. Tauscht hierzu eure Erfahrungen und Beobachtungen aus.

GA

Aufgabe 24: *Tauscht eure Gesprächsergebnisse zu Aufgabe 23 aus.*

Für die folgenden Gruppenaufträge ist es günstig, wenn Mädchen und Jungen räumlich getrennt voneinander überlegen können.

GA

Aufgabe 25: *(Mädchen)*

Wenn du gelegentlich Sportnachrichten hörst, liest oder siehst, weißt du, dass es kaum noch Sportarten gibt, die nicht von Frauen betrieben werden. Es gibt Frauenfußball bis hin zur Weltmeisterschaft. Bei den Olympischen Spielen haben wir Kugelstoßerinnen oder Gewichtheberinnen.

Gewichtheberinnen müssen nicht groß oder schwer sein. Es gibt hier Gewichtsklassen, sodass fast Jede für diesen Sport geeignet ist.
Die Situation: Du hast im Fernsehen die Übertragung des Gewichthebens der Frauen gesehen, und du spielst mit dem Gedanken, ebenfalls damit zu beginnen.

- *Diesen Gedanken stellst du deinen Eltern vor. Wie könnten sie reagieren?*
- *Du triffst deine beste Freundin und sagst ihr von deiner Idee. Wie reagiert sie?*

Lernwerkstatt SOZIOLOGIE
Der Mensch in der Gemeinschaft – Bestell-Nr. 11 420
KOHL VERLAG

6. Geschlechterrollen

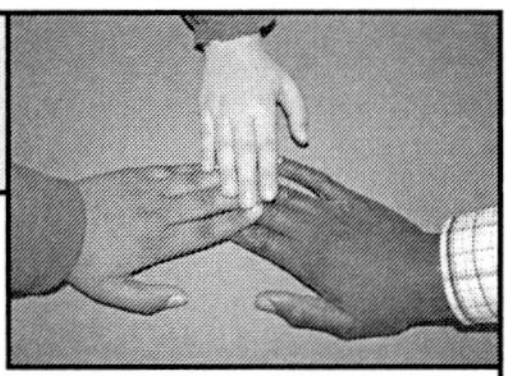

Aufgabe 26: *(Jungen)*

Lies oben den ersten Textteil bis „... ebenfalls damit zu beginnen."

- *Eine eurer Mitschülerinnen entscheidet sich dazu, Gewichtheben zu trainieren. Was haltet ihr davon? Vergesst die Begründung nicht.*
- *Würdet ihr sie darauf ansprechen? Warum und wie?*

Aufgabe 27: *(Alle)*

Tauscht zu den Aufgaben 25 und 26 eure Gesprächsergebnisse aus – wenn ihr es schafft, sachlich zu bleiben. Der Austausch wird vom Lehrer sofort beendet, wenn unsachliche Bemerkungen geäußert werden. Sobald das geschieht, habt ihr euch selber als unsachlich und unsportlich disqualifiziert.

Aufgabe 28: *(Mädchen und Jungen getrennt)*

Gleichaltrige nehmen (bewusst oder wenig bewusst) Einfluss auf deine Berufswahl. Dieser Einfluss wird nicht nur aus Argumenten bestehen, häufig wird es eine kurze Bemerkung oder noch kürzer zustimmende oder ablehnende Mimik sein.
Sprecht über diese Fragen:

- *Ihr habt gehört, dass ein Mädchen eurer Schule eine Ausbildung zur KFZ-Mechatronikerin (früher Autoschlosser) machen möchte. Wie reagiert ihr, was denkt ihr darüber? Könnt ihr euch auf eine gemeinsame Einstellung dazu einigen? Schreibt sie mit Begründung auf.*

____

____

- *Ein anderes Mädchen hat sich vorgenommen, eine Ausbildung in einem Malerbetrieb zu machen. Sie möchte Malerin und Anstreicherin werden. Was denkt ihr darüber? Vergleicht auch den Wunsch der angehenden KFZ-Mechatronikerin.*

____

____

- *In einer anderen Klasse bewirbt sich ein Schüler bei einer Krankenpflegeschule; er möchte Krankenpfleger werden. Auch hierzu eure begründete Meinung:*

____

____

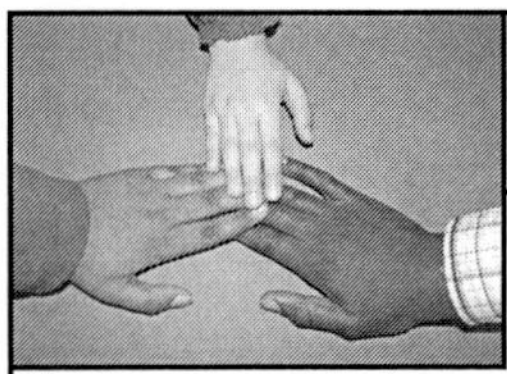

6. Geschlechterrollen

Aufgabe 29: *(Alle)*

Tauscht eure Notizen mündlich aus und verändert gegebenenfalls die eigenen Notizen.

Vom Einfluss der Medien

Du hast das Wort „Medium" oder „Massenmedien" sicher schon oft gehört.
Aber was ist ein Medium?
Ein Medium hat immer zwei Bestandteile:

- Zunächst besteht es aus einem Material (z.B. als Buch oder als Zeitschrift).
- Und dieses Material ist der Träger von Zeichen (z.B. Buchstaben oder Abbildungen).

Das Material kann auch mit Technik verbunden sein. Dann ist das Medium z.B. das Fernsehen oder die CD und die DVD/Blu-ray.
Dann sind es weniger die Buchstaben, die wir entziffern. Wir interessieren uns dann viel mehr für die Sprache, für Musik, Gestik und Darstellung.

Aufgabe 30: *Sprecht über diese Fragen:*

- *Welche Medien kennen wir?*
- *Welche der Medien können als Massenmedien bezeichnet werden?*
- *Viele der Medien kannte man vor hundert Jahren noch nicht. Es gab noch keinen Rundfunk und kein Fernsehen. Wäre es nicht möglich, auch heute auf beides zu verzichten? Begründet bitte eure Meinungen.*
- *Welche Vorteile und welche Nachteile können Massenmedien haben?*

6. Geschlechterrollen

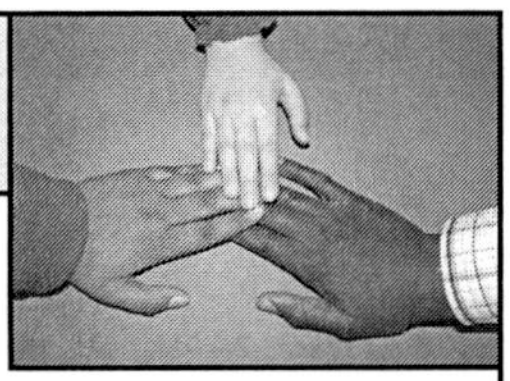

Aufgabe 31: *Für diese Aktion braucht ihr*

- ➲ *zwei mutige Schüler und*
- ➲ *eine Mode-Werbung aus einer Illustrierten, die nur einer der beiden Mutigen aussucht und sehen darf.*

Die Aktion:

- *Einer der Mutigen verlässt den Klassenraum.*
- *Sein Mitspieler zeigt den im Raum Verbliebenen die Werbung. Sie sind Zuschauer, die sich völlig ruhig verhalten müssen.*
- *Der Außenschüler wird hereingeholt und stellt sich an ein Ende des Raumes.*
- *Sein Mitspieler stellt sich mit der Werbung an das andere Ende des Raumes. Er gibt dann genaue Anweisungen, welche Haltung des Körpers und welche Mimik der Kollege verwirklichen soll. Dabei orientiert er sich an der Werbung, zeigt sie aber nicht durch Vormachen der Haltung usw.. Das Ziel ist erreicht, wenn Haltung und Mimik der Werbung entsprechen.*
- *Dann verharrt der Mime in seiner Stellung und allen wird die Werbung gezeigt.*

Aufgabe 32: *Sprecht über diese Fragen:*

- *Haben die Massenmedien Einfluss auf das Lernen von Geschlechterrollen? Wenn ja, wie geschieht das, wie werden diese Rollen dargestellt?*
- *Werden in den von dir gesehenen Fernsehsendungen die Männer- und Frauenrollen klischeehaft dargestellt? Wenn ja, wie geschieht das?*
- *Kannst du das bestätigen:*
  In unseren Massenmedien (besonders in Zeitschriften) werden „Schönheit", „Gefühl" und „Shopping" den Frauen zugeschrieben.
  Den Männern wird „der harte Mann", Erfolg und Durchsetzungsvermögen zugeschrieben.
- *Wird auch deine Vorstellung über die Geschlechterrollen von den Massenmedien beeinflusst?*

Lernwerkstatt SOZIOLOGIE
Der Mensch in der Gemeinschaft – Bestell-Nr. 11 420
KOHL VERLAG

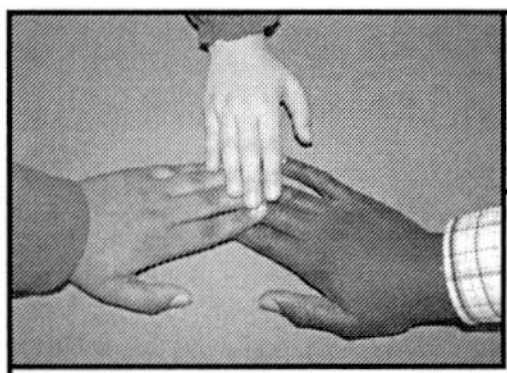

7. Einstellungen

Die Erwartungen beziehen sich nicht nur auf das Verhalten eines Rollenträgers – sondern auch auf die dahinter stehenden Auffassungen und Einstellungen. Einstellungen werden auch Attitüden oder Haltungen genannt. Dabei handelt es sich um die Bereitschaft, sich in einer bestimmten beständigen Weise zu verhalten.

PA

Aufgabe 1: *Bevor du dich verhältst oder bevor du handelst, musst du aus deiner sozialen und physikalischen Umwelt etwas (einen Reiz) wahrnehmen:*

Reize aus der sozialen und physikalischen Umwelt → **Einstellung, Haltung** → ✎ ________________

Beschrifte die Pfeile mit ***lösen aus*** *und* ***äußert sich als****. Lies noch einmal den Text oben im Textfeld. Trage dann den fehlenden Begriff in das Feld rechts ein.*

PA

Aufgabe 2: *Ninas Einstellung Hunden gegenüber ist nach ihren unangenehmen Begegnungen mit diesen Tieren sehr negativ. Neulich hat Nina wieder einen Hund gesehen. Gleich stieg ein wenig Angst und Abneigung in ihr hoch. Und schnell war sie auf der anderen Straßenseite.*
Trage die passenden Begriffe einschließlich der beschrifteten Pfeile in die Übersicht ein.

Reiz:		

PA

Aufgabe 3: *Kai ist in der Schule ständig überfordert. Er möchte am liebsten gar nicht mehr zur Schule gehen, aber er muss ja! „Zum Glück" bekommt Kai einen grippalen Infekt und muss zu Hause bleiben. Kai ist zwar krank, aber er genießt es doch, im Bett zu liegen und vor allem, nicht zur Schule gehen zu müssen. Aber auch dieses „Glück" hat ein Ende und er wird gesund. Wieder meldet sich der Wecker. Zusätzlich treibt auch noch die Mutter und mahnt, dass Kai rechtzeitig zur Schule muss. Kai macht auf dem Weg zur Schule einen Umweg nach dem anderen. Und dann beschließt er, „jetzt lohnt sich das nicht mehr. Außerdem könnte ich ja noch krank sein !"*
Du siehst, was für dich zu tun ist.

KOHL VERLAG
Lernwerkstatt SOZIOLOGIE
Der Mensch in der Gemeinschaft – Bestell-Nr. 11 420

7. Einstellungen

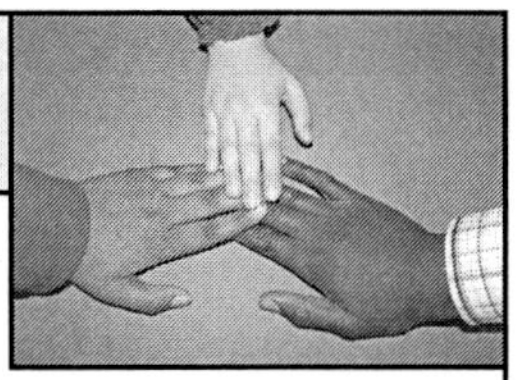

PA

Aufgabe 4: *In den Beispielen von Nina und Kai wurden wichtige Bestandteile im Ablauf vom Reiz bis zum Verhalten nicht genannt.*

Die Einstellung gegen Hunde äußert sich nicht direkt in Verhalten. Ausgelöst werden zunächst Wahrnehmungen, Meinungen, Ansichten und Vorstellungen über Hunde. Auch Affekte (starke Gefühle) und Reaktionen des Autonomen Nervensystems (erhöhter Puls und erhöhte Atemfrequenz, Furcht) werden ausgelöst. Dann erst folgt ein Verhalten den Reizen gegenüber.

Frau Katz hat einen Garten in dem sich auch Mäuse aufhalten. Es lässt sich leider nicht vermeiden, dass eine Maus ausgerechnet dann durch die Beete huscht, wenn Frau Katz Petersilie abschneiden will. Früher war es schlimmer, aber heute reagiert Frau Katz nur noch mit einem kurzen Schreckensschrei.

In der folgenden Übersicht fehlen noch genauere Angaben:

➲ *Was ist der Reiz?*
➲ *Welche Einstellung hat Frau Katz gegenüber Mäusen?*
➲ *Welche Wahrnehmung, welcher Affekt und welches Verhalten werden ausgelöst?*

Reiz:

Einstellung:

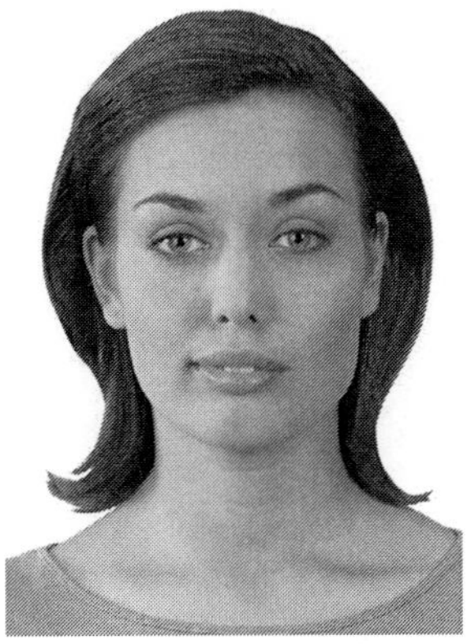

Wahrnehmung:

Affekt:

Verhalten:

KOHL VERLAG Lernwerkstatt SOZIOLOGIE Der Mensch in der Gemeinschaft – Bestell-Nr. 11 420

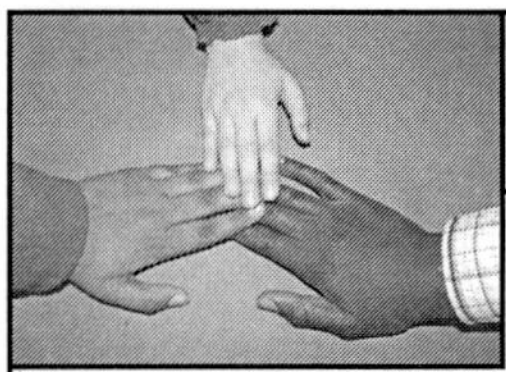

7. Einstellungen

PA

Aufgabe 5: *Wir wissen noch nicht, warum wir uns so und nicht anders verhalten. Darüber wird viel zu selten nachgedacht. Mit dieser Aufgabe wird das schon anders.*

- *Sprecht über eure Einstellungen zum Thema „Zeugnis“ oder zum Thema „Computerspiele“.*
- *Danach ergänzt ihr zu einem dieser Themen oder zu einem anderen wichtigen Thema die Felder.*

Reiz:

↓

Einstellung:

↓

Wahrnehmung:

↓

Affekt:

↓

Verhalten:

PA

Aufgabe 6: *Die drei Beispiele der Aufgaben 2, 3 und 4 werfen die Frage auf, wie Nina und Frau Katz zu ihren Einstellungen gelangt sind. Sprecht kurz über jeden der nächsten Punkte.*

- *Nina wurde noch nie von einem Hund gebissen oder belästigt, höchstens mal beschnuppert. Wie könnte ihre Antipathie gegen Hunde (auch gegen kleine und niedliche) entstanden sein?*

- *Mäuse gelten zwar als Schädlinge, aber Menschen gegenüber sind sie überaus scheu. Dennoch reagiert Frau Katz schreckhaft, sobald eines der Tierchen sichtbar wird. Wie könnte es zu dieser Reaktion gekommen sein?*

7. Einstellungen

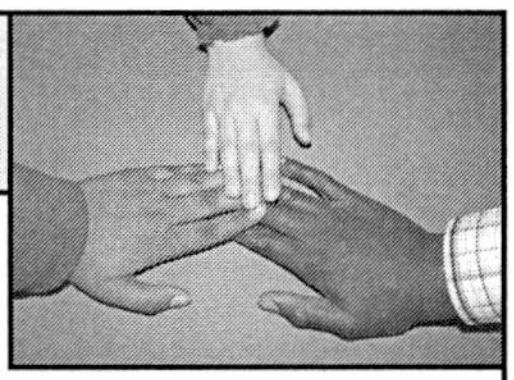

GA

<u>Aufgabe 7</u>:

Das Verhalten von Kai ist gut verstehbar. Sprecht über eure Einstellungen zu einigen dieser Themen:

Geschwistern – Polizei – Kindern – Mitschülern – Lehrer – Erwachsenen – Schulleistungstests – Eltern – Ausländern

PA

<u>Aufgabe 8</u>: *Ihr habt versucht, euch über eure Einstellungen auszutauschen. Dabei ging es stets um die Einstellungen anderen gegenüber – aber nie um dich selbst.*

Tauscht jetzt eure Einstellung zu euch selbst aus: Wie sehe ich mich? Darüber zu reden ist oft nicht einfach. Und manchmal achtet man unkonzentriert darauf, wie das Gegenüber reagiert. Damit es bei diesem Austausch nicht zu Missverständnissen und Unstimmigkeiten kommt, müsst ihr unbedingt darauf achten: Jeder hört jedem ernsthaft zu. Dazu gehört, dass jeglicher Kommentar des Zuhörenden unterbleibt. Unterbleiben sollen auch eine Mimik, die Missfallen oder Kritik zeigt. Auch das sind Kommentare!
Das soll der Zuhörende verwirklichen:

Du hörst nur aufmerksam zu. Dabei denkst du noch nicht über eine Stellungnahme nach; so gelingt dir das Zuhören viel besser.

PA

<u>Aufgabe 9</u>: *Nina und Kai sind Geschwister. Beide haben Meerschweinchen und Kaninchen, die eigentlich täglich mit frischem Wasser und Futter versorgt werden müssen. Das erledigen die Geschwister abwechselnd – normalerweise.*
Als Nina nach den Tieren sieht, sind sie ohne Wasser und Futter. Da ist es verständlich, dass Nina mehr als ärgerlich auf ihren Bruder ist.

Hat sich nach diesem Vorfall Ninas Einstellung ihrem Bruder gegenüber verändert? Oder hat sie über Kai eine (leicht negativ getönte) Meinung? Einigt euch auf eine Antwort und tragt sie hier mit Begründung ein.

____

____

____

____

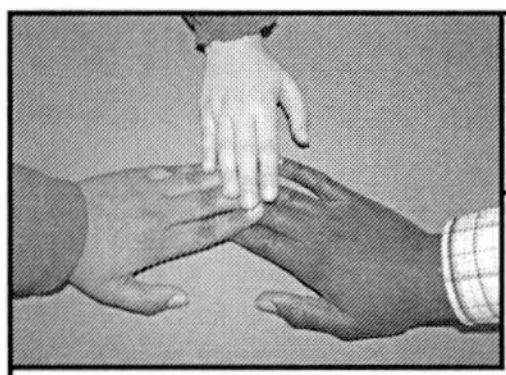

7. Einstellungen

PA **Aufgabe 10:** *Mit dem Beispiel von Aufgabe 9 ist euch sicher deutlich geworden, welcher Unterschied besteht zwischen den Begriffen Einstellung und Meinung. Entscheidet euch für eine gemeinsame Erklärung, schreibt sie auf und vergleicht sie mit dem Lösungsvorschlag.*

____

____

____

____

PA **Aufgabe 11:** *Nina und Kai spielen begeistert Fußball im Verein. Leider hat die 1. Herrenmannschaft das letzte Spiel haushoch verloren. Die Geschwister haben sich natürlich über das „schlechte“ Spiel ausgiebig unterhalten.*

Was haltet ihr für wahrscheinlich:
Hat sich nach der Niederlage die Meinung der Geschwister über die 1. Mannschaft verändert? Oder ist die Einstellung zur Mannschaft anders geworden? Tragt eure gemeinsame Antwort ein und vergleicht mit dem Lösungsvorschlag.

____

____

____

PA **Aufgabe 12:** *So ist es im Sport: Ruhmreiche Mannschaften können sich weder national noch international an der Spitze behaupten, und ein Abstieg folgt dem anderen. Dieser Niedergang zieht sich jahrelang hin.*

Was haltet ihr für wahrscheinlich:
Hat sich bei den Fans im Laufe der Jahre die Meinung zu dieser Mannschaft verändert, oder haben die Fans eine andere Einstellung gewonnen? Einigt euch auf eine gemeinsame Antwort und vergleicht sie mit dem Lösungsvorschlag.

____

____

____

8. Stereotype

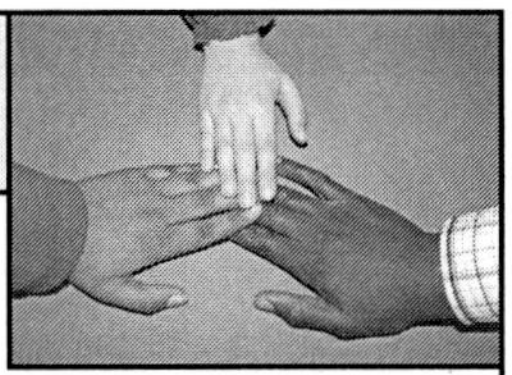

Für die ersten drei Arbeitssaufträge wäre es gut, wenn die Zweiergruppen so weit voneinander entfernt sprechen könnten, dass sie sich nicht gegenseitig hören und beeinflussen können.

PA

<u>Aufgabe 1</u>: *Stellt euch vor, ihr müsstet ein Casting veranstalten. Gesucht wird ein Schauspieler für die Rolle eines Kriminellen (Mörders). Bevor das Casting beginnt, entwickelt ihr kurz eure Vorstellungen über das Aussehen des Schauspielers dieser Rolle. Denkt auch an Statur des Schauspielers, an seinen Gang, Gestik, Mimik und Stimme.*

PA

<u>Aufgabe 2</u>: *Weil der Film ein Krimi ist, muss auch die Rolle des ermittelnden Polizisten besetzt werden. Entwickelt auch hierzu eure Vorstellungen.*

PA

<u>Aufgabe 3</u>: *Natürlich gibt es auch eine weibliche Hauptrolle. Sie spielt recht lange, wird dann aber doch ermordet. Denkt bei euren Vorstellungen zur Schauspielerin auch an das Alter des Opfers.*

GA

<u>Aufgabe 4</u>: *Nun ist ein Moderator erforderlich, der an der Tafel die von den Zweiergruppen gesammelten Merkmale der Schauspieler/Rollen notiert und als Strichliste führt und ergänzt.*

Personen/Rollen	Merkmale	Nennungen/Strichliste
Mörder		
Polizist		
Opfer		

GA

<u>Aufgabe 5</u>: *Ihr habt sicher große Übereinstimmung erzielt. Wahrscheinlich habt ihr weder einen leibhaftigen Mörder, sein Opfer noch den Leiter einer Mordkommission erlebt.*
Dennoch habt ihr sehr ähnliche Vorstellungen über diese Personen. Was könnte die Ursache dafür sein?

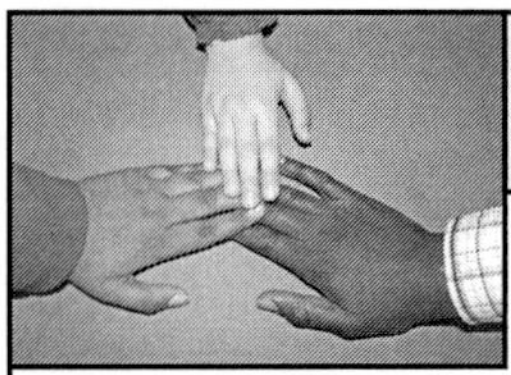

8. Stereotype

GA

Aufgabe 6: *Nicht nur im Arbeitsbereich „Film“ gibt es männliche und weibliche Rollen. Auch in anderen Arbeitsbereichen werden verschiedene Aufgaben Männern und Frauen zugeordnet. Tauscht eure Überlegungen und Beobachtungen zu dem folgenden Fragen aus:*

- *Gibt es Berufe / Tätigkeiten, die eher für Frauen als für Männer geeignet sind? Denkt auch an Begründungen.*
- *Gibt es Berufe / Tätigkeiten, die eher für Männer als für Frauen geeignet sind?*
- *Welche Berufe / Tätigkeiten sind für Männer und Frauen gleichermaßen geeignet?*
- *Es hat Zeiten gegeben, in denen Frauen weder studieren noch Ärztin werden konnten. Heute gibt es weitere Berufe für Frauen, die früher nur von Männern ausgeübt wurden. Welche zählen dazu, welche habt ihr beobachten können?*
- *„Die Vorstellung darüber, welche berufliche Tätigkeit eher zu Frauen oder zu Männern passt, beruht auf dem biologischen Unterschied zwischen Mann und Frau.“ Stimmt das? Begründe deine Antwort mit Beispielen.*
- *„Die Vorstellung darüber, welche berufliche Tätigkeit am besten zu Frau und Mann passt, ist gesellschaftlich entstanden.“ Stimmt das? Begründe deine Antwort mit einem Beispiel.*

PA

Aufgabe 7: *Du hast täglich mit Angehörigen einer bestimmten Berufsgruppe zu tun – mit Lehrern und Lehrerinnen. Wie stellst du dir den idealen Lehrer oder die ideale Lehrerin vor hinsichtlich*

Aussehen – Kleidung – Auftreten – Alter

Beschreibt möglichst genau, und vor allem: begründet eure Wahl: Lehrer(innen) sollen ..., weil ...

KOHL VERLAG Lernwerkstatt SOZIOLOGIE Der Mensch in der Gemeinschaft – Bestell-Nr. 11 420

8. Stereotype

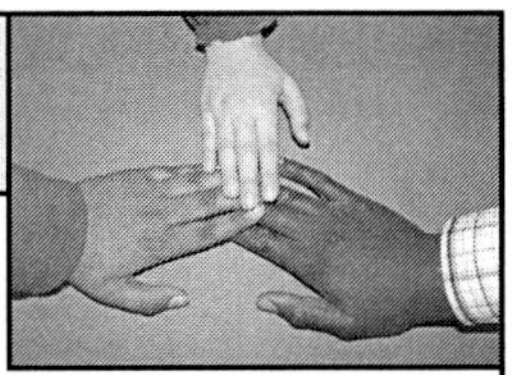

Aufgabe 8: *Darüber lohnt sich nachzudenken und zu diskutieren:*

„Der (Lehrer) läuft herum ..., den kann man von seinen Schülern gar nicht unterscheiden, die Klamotten und so unmöglich. Den nehmen die doch gar nicht mehr ernst, bei dem haben die keinen Respekt."

- *Wie wichtig ist die Kleidung der Lehrer für euch?*
- *Die Person des Lehrers akzeptieren – ist das von der Kleidung abhängig?*

Zum Schluss dieses Kapitels erfährst du noch in der Zusammenfassung, mit welchem Thema der Soziologie du dich befasst hast.

Wir alle haben Vorstellungen über Sachen, Personen oder Gruppen. Diese Vorstellungen können sehr ausführlich sein. Sie können aber auch **stark vereinfachen**, und dann **verfälschen** sie **den wirklichen Sachverhalt**. Solche Vorstellungen werden als Stereotype (Ez. Stereotyp) bezeichnet. Das Wort ist von **stereo** (grch.) abgeleitet, das **starr, unbeweglich** bedeutet. In einem anderen Zusammenhang bedeutet das Wort „räumlich", und wird in Verbindung mit „Stereophonie"(Raumklang) angewendet.

Stereotype über Geschlechtsrollen
Männer werden bei uns noch häufig als für schwere Arbeiten besonders geeignet angesehen, Frauen hingegen nicht. Das wird aber in den verschiedenen Kulturen unterschiedlich aufgefasst. In Indien z. B. wird von den Frauen schwere körperliche Arbeit erwartet; die Arbeit in der Bau-Industrie gilt dort als Frauenarbeit. An diesem Beispiel erkennst du, dass Stereotype über Geschlechtsrollen gesellschaftlich entstanden sind und weniger auf biologischen Unterschieden beruhen. Die realen Geschlechtsunterschiede hinsichtlich der Stärke sind nachweislich innerhalb der Geschlechter größer als zwischen den Geschlechtern.

In jeder Kultur spielt der Einfluss der Eltern, der Gleichaltrigen und der Medien während des Erwachsenwerdens eine große Rolle. Geschlechtsstereotype sind nämlich bei vermittelten / gelernten Vorstellungen über Kleidung, Spiele, allgemeinen Normen und der Berufswahl immer dabei.

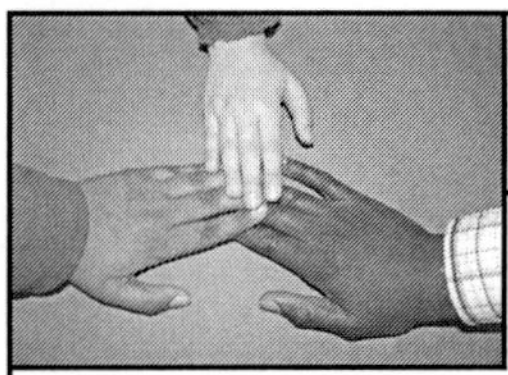

9. Das Vorurteil

„Nur Männer können schwere Arbeit verrichten, Frauen können das nicht.“

EA

<u>**Aufgabe 1**</u>: *Hier wird über die Fähigkeit zu schwerer Arbeit geurteilt.*

a) *Ist dieses Urteil wahr, oder ist es falsch? Antworte im vollständigen Satz.*

____

____

b) *Kannst du dieses Urteil durch Erfahrung bestätigen?*

____

____

c) *Kann das Urteil überprüft werden? Wenn ja, wie kann das geschehen?*

____

____

d) *Bezieht sich das Urteil auf einige Männer und Frauen – oder schließt es alle Männer und Frauen ein?*

____

____

e) *Wird in dem Urteil etwas bewertet? Wenn ja, was?*

____

____

f) *Ist die Bewertung positiver oder negativer Art? Wenn ja, welche Gruppen werden bewertet? Welche Gruppe wird positiv und welche Gruppe wird negativ bewertet?*

____

____

Lernwerkstatt SOZIOLOGIE
Der Mensch in der Gemeinschaft – Bestell-Nr. 11 420
KOHL VERLAG

9. Das Vorurteil

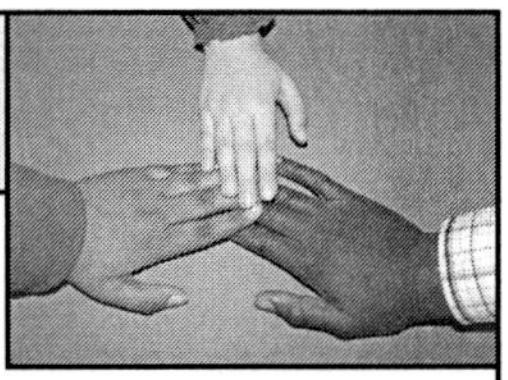

EA

<u>Aufgabe 2</u>: *Diese Fragen haben dich an die Begriffsbestimmung des Vorurteils herangeführt:*

- **Das Vorurteil ist ein falsches Urteil.**
  Es ist falsch, dass nur Männer schwere Arbeiten verrichten können, Frauen können das ebenfalls, wie man im Alltag feststellen kann.

- **Das Vorurteil ist ein voreiliges Urteil,** es kann nicht durch Erfahrung aufrechterhalten werden: Die Erfahrung zeigt, dass auch Frauen schwere Arbeiten verrichten können.

- **Das Vorurteil ist ein generalisierendes** (verallgemeinerndes) Urteil: Es spricht von den Männern, und von allen Frauen und nicht von einigen Männern und Frauen. Das Urteil verallgemeinert (generalisiert).

- **Das Vorurteil enthält Bewertungen von Menschen, Gruppen oder Sozialverhalten:**
  Männer können, Frauen können nicht schwere Arbeiten verrichten.

Vergleiche die Erklärung in „Stereotype zu den Geschlechtsrollen“ am Ende von Kapitel 8.

GA

<u>Aufgabe 3</u>: *Herr Schlosser hat immer Recht, auch wenn er nicht Recht hat. Es fällt ihm schwer, die Meinung anderer zu akzeptieren. Er ist immer noch der Meinung, dass eigentlich nur Männer schwere Arbeiten verrichten können. Auch als ihm der Kollege Drees Gegenbeispiele aufzählt, bleibt Herr Schlosser bei seiner Meinung: Das sind vielleicht Ausnahmen, aber von Natur aus sind doch nur Männer in der Lage ...*

Tauscht Beobachtungen aus und schildert Beispiele ähnlicher Art des Festhaltens an einem offensichtlich falschen Urteil über Personen oder Gruppen. Beachtet dabei, dass keine Namen genannt werden, und dass aufgrund der geschilderten Beobachtung niemand erkannt werden kann.

Vorurteile sind
falsche, verallgemeinernd bewertende Urteile.
Es wird auch dann an ihnen festgehalten, wenn sie sich als falsch erwiesen haben.

KOHL VERLAG
Lernwerkstatt SOZIOLOGIE
Der Mensch in der Gemeinschaft – Bestell-Nr. 11 420

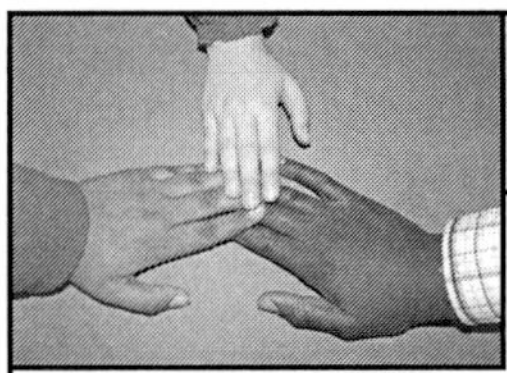

9. Das Vorurteil

PA

Aufgabe 4: *Unser rechthaberischer Herr Schlosser liest täglich aufmerksam die Zeitung, „man muss ja mitreden können!“ Und heute findet er das, was er immer schon wusste:*

Deutsche haben viel Freizeit und wenig Schlaf

Die Deutschen haben sechs Stunden und 34 Minuten am Tag zur freien Verfügung. Im Durchschnitt hatten die Menschen in den 18 untersuchten OECD-Ländern täglich fünf Stunden und 47 Minuten Freizeit. Die Deutschen sind aber auch eher Kurzschläfer: Sie kommen mit durchschnittlich acht Stunden und zehn Minuten aus. Franzosen verbringen 40 Minuten länger im Bett.

Herr Schlosser weiß eigentlich schon alles, wenn er nur die Überschrift liest. Deshalb liest er auch nicht weiter.
Am Stammtisch ist Herr Schlosser redselig geworden: „Ja, ja, es wird immer nur geklagt, über viel Arbeit und so. Dabei haben wir doch die meiste Freizeit.“

Herr Schlosser ist im Vorteil, er hat`s gelesen, dann wird es ja wohl stimmen, es steht schließlich in der Zeitung.

Lies noch einmal langsam die Äußerung des Herrn Schlosser und beantworte dann die folgenden Fragen in vollständigen Sätzen.

a) *Welcher Teil der Äußerung des Herrn Schlosser ist verallgemeinernd?*

___

b) *Mit welchem Wort wird bewertet?*

___

c) *Mit welchem Wort wird behauptet?*

___

d) *Für Herrn Schlosser ist es leicht, auf seiner Äußerung zu beharren. Sie wird von den Stammtischkollegen nicht als falsch zurückgewiesen. Worin besteht ihre „Falschheit“?*

___

___

9. Das Vorurteil

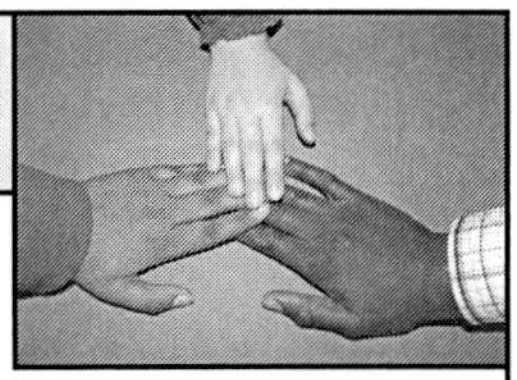

EA

Aufgabe 5: *„Indira ist ab heute in unserer Klasse. Sie ist vorige Woche mit ihrer Familie aus Offenburg gekommen, ihr Vater hat hier in Appenweier Arbeit gefunden."*

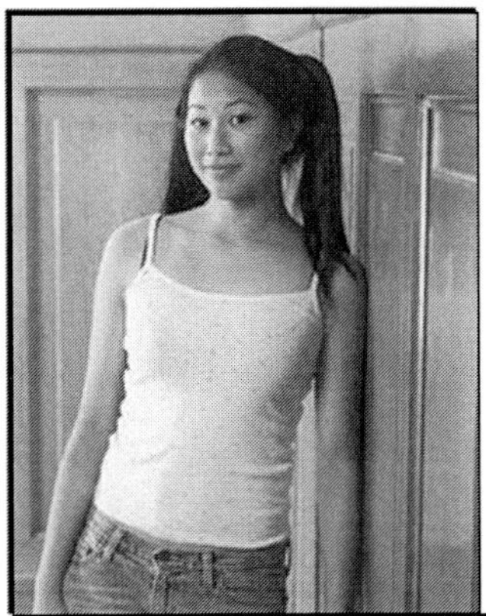

Alle blicken neugierig auf die „Neue". Schüler (für sich): „Ihre Eltern sind bestimmt Ausländer, das sieht man an der Hautfarbe und so."

Eine solche Situation ist für dich bestimmt leicht nachvollziehbar. Lies jetzt der Reihe nach die folgenden Sätze und kreuze an, ob sie für dich zutreffen oder nicht zutreffen.

	Trifft zu	Trifft nicht zu
a) Ich werfe nur einen kurzen Blick auf die neue Schülerin, und dann weiß ich schon recht gut, was sie für eine Person ist.		
b) Nach dem ersten Eindruck von der Neuen habe ich ein Gefühl dafür, wie gut sie als Schülerin ist/sein wird.		
c) Ich weiß eigentlich gleich, ob ich sie mag, oder ob ich sie nicht mag.		
d) Mein Verhalten wird sich danach richten, ob ich sie von Anfang an mag oder nicht mag.		
e) Indiras Verhalten wiederum wird sich nach meinem Verhalten richten.		

GA

Aufgabe 6: *Fasst eure Ergebnisse in einer Strichliste an der Tafel zusammen.*

GA

Aufgabe 7: *Lest den Text unten im Kasten und berichtet eure Erfahrungen. Könnt ihr bestätigen, was der Text aussagt?*

Dein erster Eindruck von einer Person kann irreführend sein. Diese ersten Informationen können einen stärkeren Eindruck hinterlassen als spätere, neue und ganz andere Informationen.

Egal, wie die „Neue" sich verhält, du wirst sehr wahrscheinlich an deinem ersten Eindruck festhalten.
Und du wirst ihr Verhalten als Beweis für deinen Eindruck werten.
Du machst ihr Verhalten zu deinem Eindruck/zu deiner Einstellung passend („ich hab` es ja gewusst").

Lernwerkstatt SOZIOLOGIE
Der Mensch in der Gemeinschaft – Bestell-Nr. 11 420
KOHL VERLAG

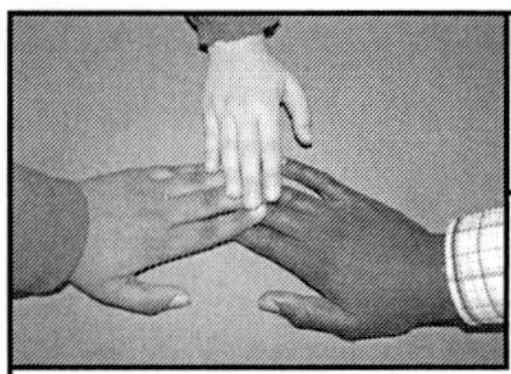

10. Stereotype und Vorurteile gegenüber Ausländern

Die Bedeutung von Stereotypen hast du bereits kennen gelernt (siehe Kapitel 8). Stereotype entstehen durch:

- die Verfestigung von Meinungen und
- eine sachlich verfälschende Verallgemeinerung.

Frau K. verabschiedet sich am Freitag von ihren Kolleginnen: „Jetzt mache ich erst einmal Urlaub, den hab` ich aber auch nötig." Fährst du weg? „Ja, wir fahren in die Sonne nach Spanien. Da kann ich endlich mal die Seele baumeln lassen, ins Wasser gehen und am Strand in der Sonne liegen."

Nach 14 Tagen kommt Frau K. sonnengebräunt wieder ins Büro. Hier wird sie mit großem Hallo empfangen, „Donnerwetter, Heike, du siehst ja richtig gut erholt aus!" Auch der eintretende Chef stimmt ein, „so gut erholt, dann können Sie ja wieder mit Elan ans Werk gehen."

PA

Aufgabe 1: *Worin besteht bei Frau K. die bereits verfestigte Meinung? Und in welchem Verhalten hat sich das gezeigt? Findet eine gemeinsame Antwort.*

____

____

PA

Aufgabe 2: *Worin besteht hier die sachlich verfälschende Verallgemeinerung? Einigt euch auf eine Antwort.*

____

____

Jeder weiß, dass sonnengebräunte Personen durchaus völlig abgeschlagen oder sogar krank sein können. Trotz dieses Wissens wird daran festgehalten, dass Sonnenbräune in jedem Fall zu Erholung und Fitness führt, trotzdem wird an dem Stereotyp festgehalten.

Und genau das ist typisch für Vorurteile: Stereotype werden gegen jede neue Information aufrechterhalten.

10. Stereotype und Vorurteile gegenüber Ausländern

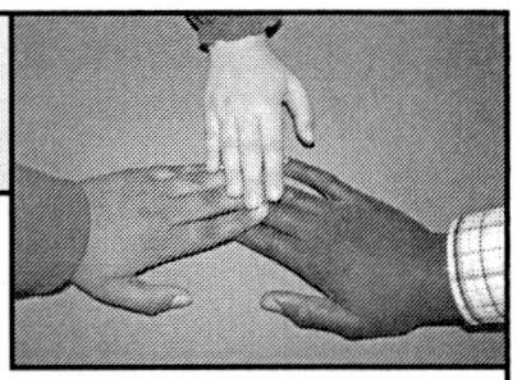

Das Beispiel von Frau K. ist ziemlich harmlos. Viel weniger harmlos sind Stereotype gegenüber Gruppen mit der Zuschreibung bestimmter Eigenschaften. Wenn ein Mensch oder eine Gruppe nicht mehr nach seiner oder ihren Persönlichkeiten beurteilt wird, sondern nach vorgefassten Ansichten, handelt es sich um ein Vorurteil. Man hat eine verallgemeinernde Meinung über ihn/sie – ohne den Menschen zu kennen! Solche Vorstellungen können durchaus positiv sein, aber leider sind sie oft negativ. Eines der häufigsten und zugleich schlimmsten Vorurteile ist der **Rassismus**.

Dann werden bestimmte körperliche Eigenschaften/Merkmale ganz willkürlich verbunden mit

- moralischen,
- geistigen und
- anderen nichtkörperlichen Eigenschaften.

PA

Aufgabe 3: *Nach welchen körperlichen Eigenschaften/Merkmalen werden Menschen verschiedener Herkunft und Abstammung (Rasse) häufig unterschieden?*

___

___

PA

Aufgabe 4: *Was stellst du dir unter moralischen Eigenschaften vor? Notiert hierzu Begriffe.*

___

___

PA

Aufgabe 5: *Was stellst du dir unter den geistigen Eigenschaften vor?*

___

___

PA

Aufgabe 6: *Zu anderen nichtkörperlichen Eigenschaften zählen:*

___

___

Lernwerkstatt SOZIOLOGIE
Der Mensch in der Gemeinschaft – Bestell-Nr. 11 420
KOHL VERLAG

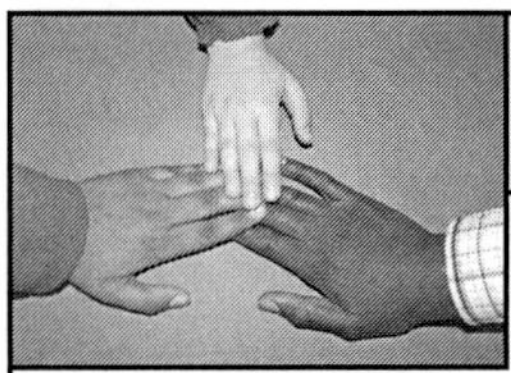

10. Stereotype und Vorurteile gegenüber Ausländern

Wenn du diese Eigenschaften oder ihr Gegenteil Personen oder Gruppen zuschreibst, werden sie aufgewertet oder abgewertet. Die Träger dieser Eigenschaften werden dadurch als unterlegen oder als überlegen bewertet.
Werden solche Eigenschaften willkürlich auf bestimmte körperliche Merkmale von Personen oder Gruppen bezogen, wird das als Rassismus bezeichnet.

- Menschen werden nicht als Individuum beurteilt und behandelt, sondern als Mitglieder von Gruppen mit unveränderlichen Eigenschaften.
- Eine andere Art des Rassismus beruht auf der (falschen) Annahme, man könne die Menschen in unterschiedliche Rassen einteilen – mit unterschiedlichen Eigenschaften.
- Diese Annahme diente u. a. der Rechtfertigung der Sklaverei, des Kolonialismus, der Nazi-Verbrechen in Deutschland oder des Apartheid-Regimes in Südafrika. (Apartheid = Trennung, Regime = Herrschaft)

GA

Aufgabe 7:

a) *Leider gibt es Rassismus (Rassendiskriminierung) auch heute noch in Deutschland. Lies zuerst den Text im folgenden Textfeld.*

Rassendiskriminierung ist jedes Verhalten, das Menschen Rechte vorenthält

- aufgrund von Aussehen und / oder
- Volkszugehörigkeit und / oder
- kultureller Merkmale (Sprache, Name) und / oder
- religiöser Zugehörigkeit.

Durch Rassendiskriminierung werden Menschen ungerecht behandelt, gedemütigt, beleidigt, bedroht oder an Leib und Leben gefährdet.

b) *Aus der Zeitung: „50 Menschen haben in der Nacht zum Sonntag acht Inder durch den Ort getrieben. Die Opfer flüchteten in eine Pizzeria und verbarrikadierten sich dort. Sie erlitten durch die Angriffe schwere Platzwunden und Abschürfungen. Polizisten lösten schließlich die gewalttätige Gruppe auf."*

Welche der Merkmale von Rassendiskriminierung erkennst du an diesem Vorfall?

____

____

____

____

Lernwerkstatt SOZIOLOGIE
Der Mensch in der Gemeinschaft – Bestell-Nr. 11 420
KOHL VERLAG

10. Stereotype und Vorurteile gegenüber Ausländern

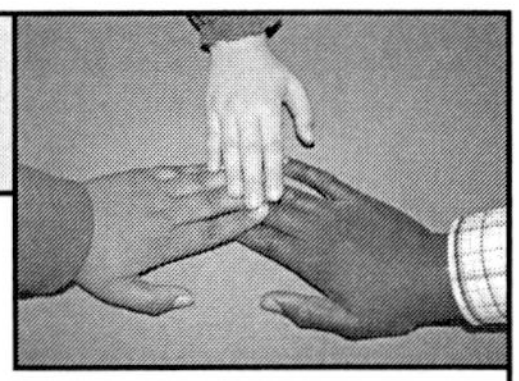

c) *„In Südafrika müssen Zuwanderer erneut um ihr Leben fürchten. Allein in einem Armenviertel der Stadt Balfour in der Provinz Upumalanga habe die Polizei mehr als 100 bedrohte Somalier, Äthiopier, aber auch Chinesen und Pakistani vor wütenden Angreifern in Sicherheit bringen müssen."*

Welche der Merkmale von Rassismus erkennst du an diesem Beispiel?

____

____

____

____

d) *Sprecht über diese Fragen:*
In wie vielen Ländern der Erde könnten auf euch diskriminierende Merkmale zutreffen – und welche Merkmale träfen wahrscheinlich zu?

EA

Aufgabe 8:

Dein Onkel kommt zu Besuch und berichtet von dem Gespräch mit seinem neuen Chef. Der hatte ihn telefonisch zum Gespräch gebeten, um ein Problem zu klären. Zur Überraschung deines Onkels ist der neue Chef ein Farbiger. Am Ende des Gespräches musste dein Onkel noch eine Abmahnung verkraften. Was mochte ihm durch den Kopf gegangen sein? Denke hierüber kurz nach.

GA

Aufgabe 9: *Tauscht gemeinsam eure Überlegungen aus.*

GA

Aufgabe 10: *Überlegt nun, ob und wie ihr diskriminierend und vorurteilsbehaftet gedacht habt. Ihr braucht hierzu keines eurer Vorurteile zurückhalten, denn:*

Niemand wird mit Vorurteilen geboren.
Sie werden gelernt und können auch wieder verlernt werden.

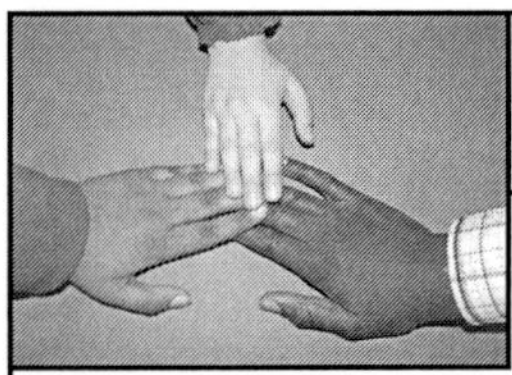

10. Stereotype und Vorurteile gegenüber Ausländern

PA

<u>Aufgabe 11</u>: *Du kennst die Voraussetzungen zur Entstehung von Stereotypen und Vorurteilen. Du hast deshalb gute Chancen, Vorurteile erst gar nicht zu entwickeln. Dir würde es ja auch nicht gefallen, wenn du ständig in diskriminierender Weise beurteilt würdest. Die Frage ist nur, wie du gegenüber anderen Personen und Gruppen möglichst vorurteilsfrei bleibst.*
Sprecht darüber und einigt euch auf eine schriftliche Antwort.

____

____

____

GA

<u>Aufgabe 12</u>: *Tauscht eure Gesprächsergebnisse mündlich aus und verändert gegebenenfalls die eigenen Notizen.*

> Stereotype und Vorurteile sind durchaus nicht harmlos. So können sie zu erheblichen Konflikten zwischen Volksgruppen führen. Dann wird die Fremdheit der jeweils Anderen und ihre Schädlichkeit betont. Die eigene Schädlichkeit, die eigenen Angriffe gegen die andere Gruppe hingegen wird nicht gesehen.

PA

<u>Aufgabe 13</u>: *Die Situation:*

In einer deutschen Großstadt lebt eine islamische Minderheit. Diese Andersgläubigen möchten eine Moschee (islamisches Gotteshaus/Kirche) bauen.

Überlegt begründete Antworten auf die folgenden Fragen und notiert eure Gesprächsergebnisse.

a) *Soll die Mehrheit der Einheimischen (meist Christen) den Bau der Moschee in ihrem Stadtteil dulden oder ablehnen?*

____

____

____

Lernwerkstatt SOZIOLOGIE
Der Mensch in der Gemeinschaft – Bestell-Nr. 11 420
KOHL VERLAG

10. Stereotype und Vorurteile gegenüber Ausländern

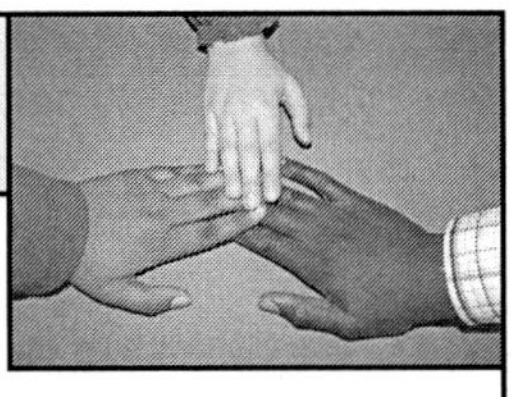

b) *Welche Gründe könnte die Mehrheit gegen den Bau der Moschee haben?*

c) *Hältst du es in diesem Fall für richtig, dass sich die Gruppe der islamischen Minderheit und die Mehrheit der Einheimischen durch häufige Kontakte kennen lernen?*

GA

<u>Aufgabe 14</u>: *Tauscht mündlich eure Gesprächsergebnisse aus und verändert gegebenenfalls die eigenen Notizen.*

Was du oben als Situation im Arbeitsauftrag gelesen und bearbeitet hast, ist wirklich geschehen. In Berlin gab es eine Auseinandersetzung um den Bau einer Moschee. Zunächst waren sehr viele dagegen. Aber durch häufige Kontakte und das Kennenlernen der „Anderen“ konnte die kleine islamische Gemeinde integriert werden.

Assimilation und Integration
Erhalten Ausländer/Migranten Zugang zur aufnehmenden Gesellschaft, ergeben sich die Möglichkeiten der Assimilation und der Integration.

PA

<u>Aufgabe 15</u>: *Bei der **Assimilation** wird von den Migranten gefordert, dass sie sich anpassen an Werthaltungen, Normen und Verhaltensstandards.*

Können in diesem Fall (der Assimilation) die Einheimischen kulturell von den Migranten profitieren? Könnten sie etwas von ihnen übernehmen und für sich daraus Nutzen ziehen? Sprecht über diese Frage und notiert das Gesprächsergebnis.

Lernwerkstatt SOZIOLOGIE
Der Mensch in der Gemeinschaft – Bestell-Nr. 11 420
KOHL VERLAG

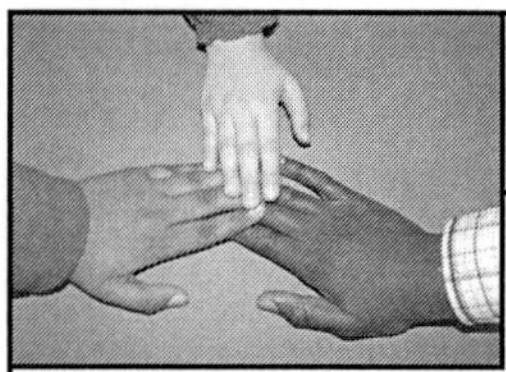

10. Stereotype und Vorurteile gegenüber Ausländern

GA **<u>Aufgabe 16</u>:** *Tauscht mündlich eure Gesprächsergebnisse aus und verändert gegebenenfalls die eigenen Notizen.*

PA **<u>Aufgabe 17</u>:** ***Integration** ist die wirtschaftliche, soziale und kulturelle Eingliederung von Einwanderern/Migranten. Integration ist aber nicht nur als Zustand zu verstehen, sondern auch als Prozess. An diesem Prozess sind mindestens zwei Parteien beteiligt. Es geht um gleiche Rechte und Pflichten, um Chancengleichheit, um Toleranz, Akzeptanz und beiderseitiges Verstehen.*

„Wirtschaftliche Eingliederung" – was verstehst du darunter? Schreibt euer Gesprächsergebnis in Stichworten auf.*

** „Wirtschaft" umfasst alles, was zur Erhaltung und Sicherung des Lebens einzelner Menschen oder einer Gruppe von Menschen dient.*

____

____

PA **<u>Aufgabe 18</u>:** *„Soziale* Eingliederung" – Was verstehst du darunter?*

** „Sozial" bezieht sich auf das Leben in der gesamten Gesellschaft und in ihren einzelnen Gruppen.*

____

____

PA **<u>Aufgabe 19</u>:** *„Kulturelle* Eingliederung" – Was verstehst du darunter?*

** „Kultur" ist die Gesamtheit von Sitten und Bräuchen, Sprache und Schrift, Kleidungs- und Arbeitsart, Erziehungswesen, Wissenschaft, Technik, Kunst und Religion.*

____

____

GA **<u>Aufgabe 20</u>:** *Tauscht mündlich eure Ergebnisse zu den Aufgaben 17 bis 19 aus und verändert gegebenenfalls die eigenen Notizen.*

Lernwerkstatt SOZIOLOGIE
Der Mensch in der Gemeinschaft – Bestell-Nr. 11 420
KOHL VERLAG

10. Stereotype und Vorurteile gegenüber Ausländern

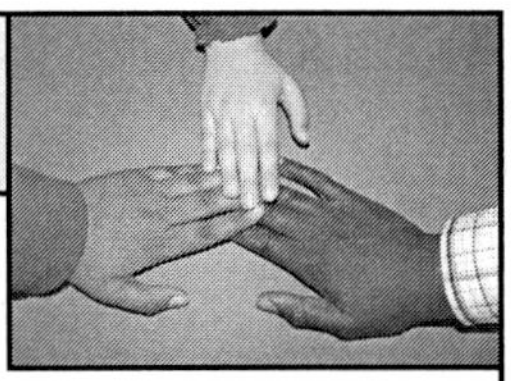

PA

Aufgabe 21: *Tolerieren und akzeptieren des Fremden – das wird von dir erwartet. Wird damit von dir zuviel verlangt? Fällt es dir noch schwer, die dir fremde Lebensart der Migranten anzuerkennen? Wo würdest du auf der Skala ankreuzen?*

+	3	2	1	0	1	2	3	–

Plus drei bedeutet, dass du sehr mit der fremden Lebensart einverstanden bist. Bei Plus zwei und bei Plus eins bist du noch mehr oder weniger einverstanden. Bei der Null in der Mitte bist du weder einverstanden noch ablehnend. Die Ablehnung beginnt bei Minus eins und steigert sich bis Minus drei.

Ihr habt euren Platz auf der Skala gefunden. Sprecht aber nun darüber, warum ihr euch so eingeordnet habt – und nicht anders.

GA

Aufgabe 22: *Tauscht im Gespräch eure Einschätzung auf der Skala und die Begründungen dazu aus. Bleibt in diesem Gespräch auf jeden Fall ruhig und sachlich. Wenn euch das nicht gelingt, würden Unsachlichkeit und/oder aggressive Gefühlsausbrüche auf einen neutralen Zuhörer einen schlechten Eindruck machen.*

PA

Aufgabe 23: *Hier schließt sich ein Kreis:*

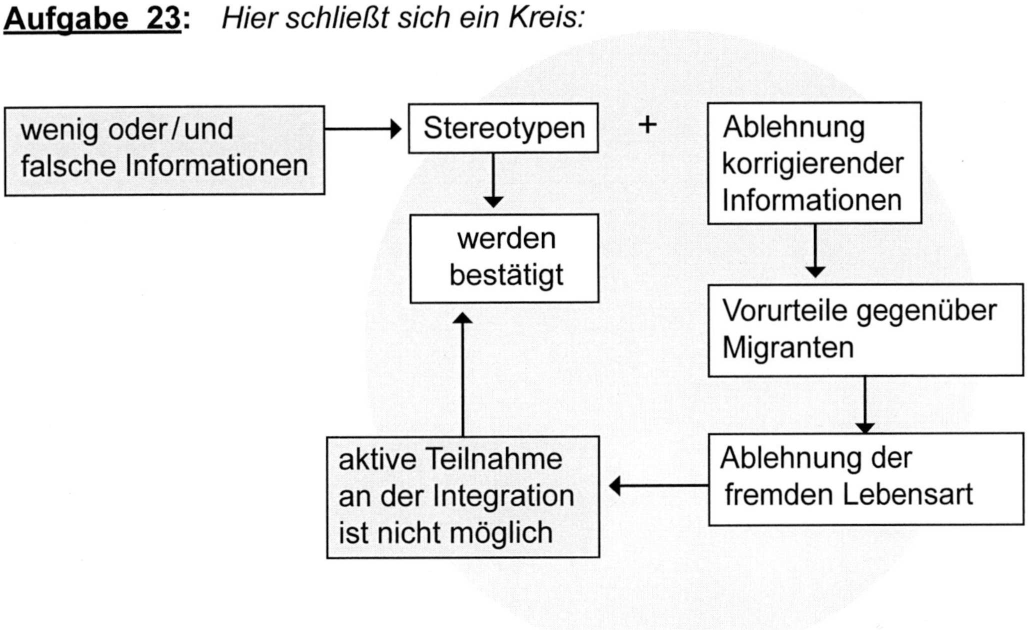

Lest diesen Verlauf sorgfältig und sprecht über die einzelnen Stationen und lest/sprecht die Pfeile mit. Sie bedeuten „führt zu"/"führt dazu, dass ..."

Sucht anschließend Beispiele für die falschen/unzulänglichen Informationen und über die Art der Stereotype.

KOHL VERLAG
Lernwerkstatt SOZIOLOGIE
Der Mensch in der Gemeinschaft – Bestell-Nr. 11 420

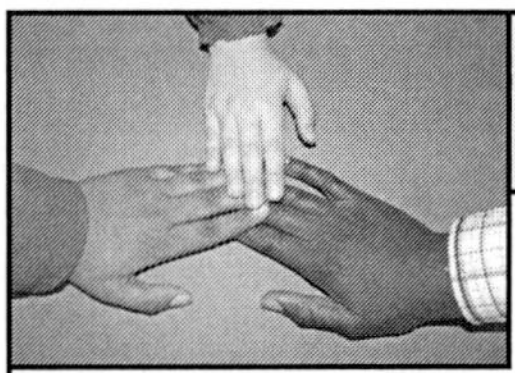

10. Stereotype und Vorurteile gegenüber Ausländern

PA

Aufgabe 24: *Lies und kommentiere auch diesen Verlauf:*

Umfangreiche und richtige Information → Akzeptanz der fremden Lebensart → aktive Teilnahme an der Integration leichter möglich

PA

Aufgabe 25: *Sprecht über diese Fragen und notiert euer Gesprächsergebnis in Stichworten:*

a) *Gelten die obigen Verläufe für die aufnehmende Gesellschaft oder/und auch für die einwandernden Migranten?*

b) *Sollten Einwanderer die Sprache des aufnehmenden Landes lernen? Berücksichtigt bei eurer Antwort die Ausführungen zum Begriff der Integration.*

GA

Aufgabe 26:

Tauscht mündlich eure Gesprächsergebnisse aus und verändert gegebenenfalls die eigenen Notizen.

Lernwerkstatt SOZIOLOGIE – Der Mensch in der Gemeinschaft – Bestell-Nr. 11 420
KOHL VERLAG

10. Stereotype und Vorurteile gegenüber Ausländern

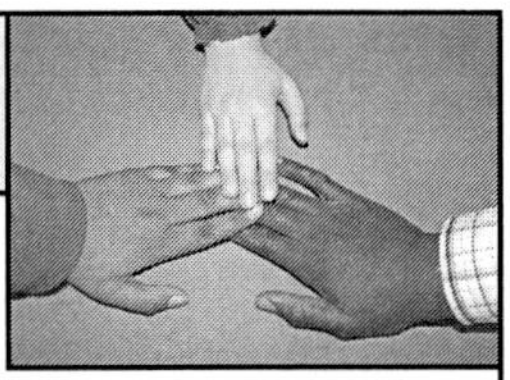

PA

Aufgabe 27: *Es ist dir vielleicht nicht bewusst geworden, aber auch deine Sprache enthält ganz selbstverständlich viele Wörter aus anderen Sprachen. Dieser Sprachgebrauch hat viele Vorteile. Du sagst doch lieber „Garage“ statt „abschließbarer Kleinbau für PKW“?*

Und wenn du sprichst, denkst du gar nicht mehr nach über die Herkunft von „Tee“ (chinesisch), „Charts“, „Regisseur“, „Heavy metal“, „Player“ usw.

Wie bist du an diese Sprache gelangt? Findet eine gemeinsame Antwort.

____

____

____

GA

Aufgabe 28: *Tauscht mündlich eure Gesprächsergebnisse aus und verändert gegebenenfalls die eigenen Notizen.*

GA

Aufgabe 29: *Du hast diese Wörter in deinen aktiven Wortschatz eingebaut ohne Kontakt zu Einwanderern. Du kannst dich damit aber auch nur notdürftig verständigen, und nach dem Preis des Receivers fragen. Aber würde es dir gelingen, in einem englischsprachigen Land eine Ausbildung zu machen? Wenn du gelegentlich Kontakt zu Einwanderern hast, wirst du vielleicht auch einige ihrer Wörter verstehen und sogar im Alltag verwenden.*

Sprecht hierüber und überlegt, ob es für Deutsch sprechende Schüler nützlich/sinnvoll sein kann, an einem Sprachkurs der „eingewanderten Sprache“ teilzunehmen.

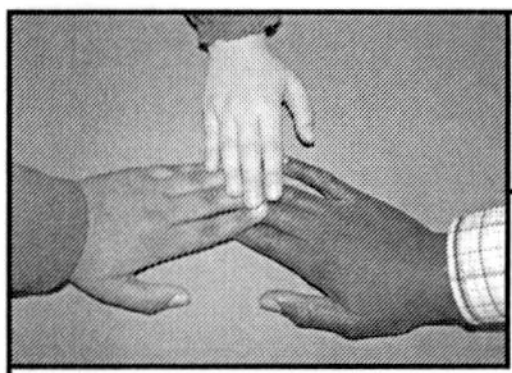

Lösungsvorschläge

1. Was ist soziologisches Denken?

Aufgabe 1: Individuelle Lösungen

Aufgabe 2: **a)–d)** Individuelle Lösungen

e) Kleingruppen: Familie, Kinder-Spielgruppe, Nachbarschaft, Schulklasse;
Größere und große Gruppen: Sportverein, Politische Partei, Fertigungsabteilung

Aufgabe 3: Familie: Kinder sollen lebenstüchtig werden, sich „anständig" verhalten, fleißig und ehrlich sein.
Sportverein: Sich einsetzen, möglichst große sportliche Leistungen erbringen, in Wettbewerben siegen.
Politische Partei: Im Sinne der Partei leben und argumentieren.
Kinder-Spielgruppe: Ohne Konflikte miteinander umgehen/spielen, Spaß haben.
Schulklasse: Störungsfreies Lernen, miteinander auskommen.
Fertigungsabteilung: Effektiv arbeiten im Sinne der Firma.

Aufgabe 4–7: Individuelle Lösungen

2. Die Gruppe und die Entstehung von Einstellungen

Aufgabe 1: Svetlana wird viel Wert auf ihre äußere Erscheinung legen und sich deswegen hingebungsvoll auf Make-up und Kleidung konzentrieren.

Aufgabe 2–9: Individuelle Lösungen

3. Die Familie

Aufgabe 1: Individuelle Lösungen

Aufgabe 4: Alle, denn auch die Kinder können durch Einsparungen (wenn sie nötig sind) zum gemeinsamen Haushalten beitragen.

Aufgabe 6: Stützendes Netzwerk; Lebensgemeinschaft, die seelischen Halt bietet; Herausbildung der Fähigkeiten besonders der Kinder

Aufgabe 8:

Vater:	technisches Arbeiten, Hilfe bei schweren Arbeiten
Mutter:	Haushalt, Reinigung, Nahrungszubereitung, Kinder betreuen
Tochter 13 Jahre:	Gelegentlich Hilfe im Haushalt, Botengänge
Tochter 9 Jahre:	Eigene Sachen in Ordnung halten
Sohn (8 Monate):	Keine Aufgabe, er lebt einfach nur

Aufgabe 10: Individuelle Lösungen

Aufgabe 12: **a)** Ob die Berufstätigkeit beider Eltern günstig oder schwierig ist, hängt von einer ganzen Reihe von Faktoren ab: Zum Beispiel von der Ausbildung und dem Wunsch nach Berufstätigkeit (und der damit verbundenen Selbstständigkeit) jedes Elternteils, vom Arbeitgeber (wegen der in Deutschland immer noch schwierigen Verbindung von Beruf und Familie), vom Kinderwunsch und von staatlichen Einrichtungen für Kinder (KiTas). In Schweden z. B. gelten staatliche Tagesbetreuungsstätten für alle Kinder als Selbstverständlichkeit. 90 % der Frauen im Alter zwischen 25 und 34 Jahren sind in der Lage, einer Beschäftigung nachzugehen. Die durchschnittliche Qualifikation dafür ist weit höher als in Deutschland. Auch der Erziehungsurlaub für Eltern beider Geschlechter, Freistellungen für die Pflege kranker Kinder oder die Rückkehrmöglichkeiten zum alten Arbeitsplatz sind besser geregelt.

b) Auch hier findet ein Einstellungswandel statt: In den meisten westlichen Staaten haben in den letzten zwanzig Jahren die „Nichtehelichen Lebensgemeinschaften" stark zugenommen; besonders in den skandinavischen Ländern, die in diesen Fragen offener sind. In Deutschland haben von allen Nichtehelichen Lebensgemeinschaften in den alten Bundesländern rund 20 Prozent und in den neuen Bundesländern rund 28 Prozent Kinder. Die Nichtehelichen Lebensgemeinschaften haben Ehe und Familie keineswegs verdrängt. Trotz der zunehmenden Zahl von „Singles" und Nichtehelichen Lebensgemeinschaften heiraten über 80 % der deutschen Bevölkerung zumindest einmal in ihrem Leben.

KOHL VERLAG
Lernwerkstatt SOZIOLOGIE
Der Mensch in der Gemeinschaft – Bestell-Nr. 11 420

Lösungsvorschläge

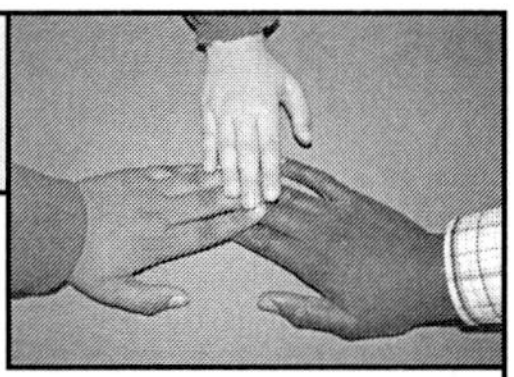

3. Die Familie

Aufgabe 12: **c)** Nach Umfragen des Meinungsforschungsinstituts Allensbach hat sich die Meinung auch der deutschen Bevölkerung zur Männer- und Frauenrolle hinsichtlich beruflicher Arbeit ständig weiter gewandelt. Dem Statement: „Berufstätigkeit ist der beste Weg für eine Frau, um unabhängig zu sein", stimmten mittlerweile über 70% der Bevölkerung zu. Zudem ist die Berufsorientierung der Frauen aufgrund des gestiegenen Bildungsniveaus anspruchsvoller geworden.

d) Tiefsitzende psychische Einstellungen der überkommenen „Männergesellschaft" ändern sich nur sehr langsam. Nach Umfragen äußern die meisten jungen Frauen die Hoffnung, dass ihre Männer sich die Hausarbeit gleichberechtigt mit ihnen teilen. Aber die meisten jungen Männer geben nur die Bereitschaft an, zu „helfen". Das bedeutet natürlich, dass der Haushalt nach ihrer Auffassung „eigentlich" immer noch der Zuständigkeitsbereich der Frau sei.

e) Nach soziologischen Untersuchungen kümmern sich Männer meist nur um nicht regelmäßig anfallende Pflichten (z. B. um das Auto, den Garten oder Haushaltsreparaturen). Männer können mit den Kindern häufiger Dinge tun, die Spaß machen, z. B. in der Freizeit. Frauen dagegen müssen sich entsprechend mehr um Routineaufgaben wie Essen kochen oder das Baden der Kinder kümmern.

f) Für die Frauen gibt es nicht nur eine Lohnlücke am Arbeitsplatz, sondern auch eine „Freizeitlücke" zu Hause. Viele moderne Frauen fühlen sich von den Männern doppelt unterdrückt: Einmal in der ersten Schicht (wo der Chef männlich, privilegiert und besser bezahlt ist) und dann in der zweiten Schicht zu Hause (wo sich die Männer immer noch die Sonnenseite verschaffen und sie selbst dann die Wäsche waschen, bügeln, die Wohnung reinigen und die Kinder versorgen).

g) Die durchschnittlichen Arbeitsplätze in Deutschland sind noch nicht ausreichend für Personen geeignet, die sich sowohl im Beruf als auch in der Familie engagieren wollen. Es gibt zwar arbeitsrechtliche Schutzregelungen, aber sie werden häufig dadurch umgangen, dass erst gar keine Frauen eingestellt werden. Nur wenige Arbeitgeber stellen z. B. betriebliche Tagesbetreuungen für Kinder zur Verfügung, obwohl mehr als die Hälfte der Mütter von kleinen Kindern arbeitet.

h) Auch hier hat sich ein starker Einstellungswandel vollzogen. Noch 1959 waren ca. 60% der Bevölkerung in einer Allensbach-Umfrage dafür, man solle „ein Gesetz herausbringen, das allen Müttern, die Kinder unter zehn Jahren haben, die Berufsarbeit verbietet". Inzwischen sind nur noch verschwindend kleine Prozentsätze dafür.

i) Parallel zur Zunahme erwerbstätiger Mütter in Deutschland hat auch die Zahl erwerbstätiger Großmütter in den letzten dreißig Jahren zugenommen. Das bedeutet, dass heute immer weniger Großmütter in der Lage sind, sich an der Kinderbetreuung der Töchter oder Schwiegertöchter zu beteiligen.

j) Die Ansicht, dass sich die berufsbedingte mütterliche Abwesenheit nachteilig auf die Entwicklung von Kindern auswirkt, hat sich zum Teil bis heute erhalten. Die Mehrheit der deutschen Bevölkerung meint, dass die Mütter von Kindern unter drei Jahren nicht erwerbstätig sein sollten. „Zahlreiche empirische Untersuchungen belegen jedoch, dass diese Einstellung dem höchst komplexen Sozialisationsprozess nicht gerecht wird. Sicher wäre es falsch, aus der Erwerbstätigkeit von Müttern als solcher etwas über die Risiken oder Chancen für die kindliche Entwicklung abzuleiten. Viele Faktoren spielen in ihr eine Rolle; sie können sich gegenseitig kompensieren oder auch verstärken, wie z. B. der Grund der Erwerbstätigkeit der Mutter, ihre Einstellung zur Berufsarbeit, die Arbeitsbedingungen und -zeiten, die Einstellung des Ehemannes zur Erwerbstätigkeit seiner Frau, die Qualität der Ersatzbetreuung, die Einstellung der Betreuerin zu ihrer Tätigkeit u.v.m."
(R. Nave-Herz u. C. Onnen-Isemann in: Joas,H.: Lehrbuch der Soziologie, Ffm./N.Y.,2001).

4. Status und Rolle

Aufgabe 3: Individuelle Lösungen

Aufgabe 4: Individuelle Lösungen

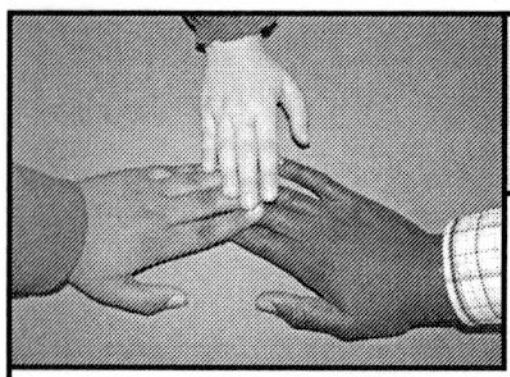

Lösungsvorschläge

5. Soziale Schichtung

– Einkommen und Vermögen

Aufgabe 1: Individuelle Lösungen

Aufgabe 2: Individuelle Lösungen

Aufgabe 3:

a) Den Eltern unterer Einkommens- und Vermögensschichten stehen auch für die Allgemeinbildung und Berufsausbildung der Kinder relativ geringe Mittel zur Verfügung. Eine lange Ausbildungszeit der Kinder ist ihnen deswegen häufig allein schon finanziell nicht möglich. Schlechtere Erwerbschancen mit einem erhöhten Armutsrisiko sind die Folge für Kinder unterer Einkommensschichten. Der Zugang zu höherwertigen Schul-, Ausbildungs- und Berufsabschlüssen wie auch der Zugang zum Studium ist in Deutschland nach wie vor stark durch Herkunft, Einkommensverhältnisse und berufliche Stellung der Eltern bestimmt.

b) Die eigenen Erfahrungen und eigenen Ansprüche spielen bei dem Wunsch der Eltern, den Kindern gute Berufe mit langer Ausbildungszeit zu ermöglichen, eine große Rolle. Die schichtenspezifischen schulischen Leistungen sind normalerweise wesentlich mitbedingt durch die materiellen und kulturellen Bedingungen im Elternhaus. Mittel- und Oberschichteltern stehen der Schule als Institution dank ihrer sozialen Herkunft näher, nehmen aktiver am Lernen der Kinder teil und achten mehr auf gute Schulabschlüsse. Die mehrgliedrige Schulstruktur unterstützt allerdings noch diese Unterschiede.

c) Die eigene Motivation für eine gute, längerfristige Ausbildung und entsprechende Anstrengungen dafür sind durch nichts zu ersetzen. Einzelne Motive waren bei Meinungsumfragen unter den Schülern:
- Für das später benötigte **Wissen** in guten Berufen ist eine längere Ausbildungszeit günstiger. Irgendwann kommen ja auch Aufnahmeprüfungen oder Vorstellungsgespräche. In der späteren Berufssituation ist man auf seinen Wissensstand angewiesen.
- Wenn man ein interessantes Leben führen will, braucht man auch einen **interessanten Beruf**. Und dafür gibt es Voraussetzungen in der Schulbildung und Ausbildung.
- Will man später in einem guten Beruf in der Lage sein, **Entscheidungen** zu treffen, muss man über ausreichendes Wissen verfügen. Das gibt einem auch die nötige Unabhängigkeit.
- Wenn man sich in Schule und Ausbildung anstrengt, kann man auch eigene **Talente** erst richtig **entwickeln** (z. B. künstlerische).
- Je früher man sich über seine Neigungen und beruflichen Ziele klar wird, umso entschiedener wird man sich auch für ein langfristiges Ziel einsetzen.
- Hat man sich bereits für eine ganz **bestimmte** Berufstätigkeit entschieden, ist das **Interesse** für entsprechende Fächer schon in der Schule größer.
- **Insgesamt** ist eine gute und zeitaufwändige Ausbildung für die späteren Berufsmöglichkeiten viel günstiger. Man hat **bessere Berufsaussichten und verdient besser**.

Aufgabe 5: Jedes fünfte Kind unter 18 Jahren lebt in Deutschland auf Sozialhilfeniveau und ist so von einer angemessenen sozialen und Bildungs-Teilhabe mehr oder weniger ausgeschlossen. Das Armutsrisiko für Kinder ist besonders hoch, wenn sie in Ostdeutschland geboren werden, Migrationshintergrund haben oder bei einem allein erziehenden Elternteil aufwachsen. Deswegen ließe sich über die folgenden Vorschläge nachdenken:
- Das Angebot an vorschulischen Tagesbetreuungsangeboten müsste erweitert werden.
- Zum Beispiel könnte auch eine bedarfsorientierte Kindergrundsicherung den Zugang zum soziokulturellen Existenzminimum gewährleisten.
- Die allgemein bildenden Schulen müssten in einen Stand versetzt werden, in dem nicht mehr jeder siebente junge Mensch eines Jahrgangs die Schule ohne Abschluss verlässt; bei Schülern aus einkommensschwächeren Familien oder mit Migrationshintergrund sind es sogar noch mehr.
- Die Schwelle zum Arbeits- und Ausbildungsleben müsste besonders für Jugendliche aus einkommensschwächeren Familien abgesenkt werden. Hunderttausende von Jugendlichen, die keinen Ausbildungsplatz gefunden haben, sind als Altnachfrager/innen bereits zum wiederholten Mal leer ausgegangen oder als nicht ausbildungsreif eingestuft worden. Hier könnte eine Ausbildungsumlage helfen (zwischenbetrieblicher finanzieller Ausgleich).
- Auch die Erweiterung des Kreises der Anspruchsberechtigten für die Berufsausbildungsbeihilfe (BAB) und eine erhöhte Ausbildungsförderung (BAföG) wären denkbar.

Aufgabe 6: Individuelle Lösungen

Aufgabe 7: Individuelle Lösungen

– Macht

Aufgabe 1: Hierarchie (von oben nach unten abnehmende Machtbefugnis) am Beispiel des Bildungssystems: Kultusminister, Schulamtsdirektor, Schulleiter, Lehrer, Schüler

Lösungsvorschläge

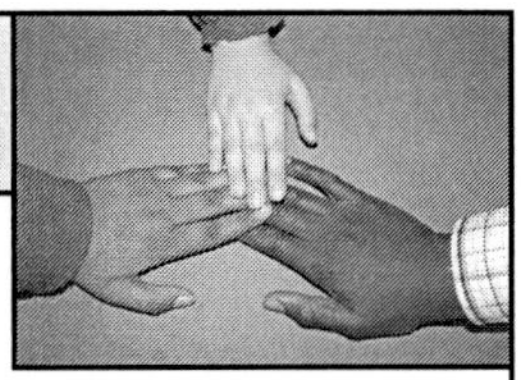

5. Soziale Schichtung
– Prestige

Aufgabe 1: Bei allen angegebenen Berufen dürfte das **Prestige** normalerweise relativ hoch sein. Die **Macht** könnte höchstens bei Pfarrern bestimmter (dörflicher) Regionen als hoch eingestuft werden. Das **Einkommen / Vermögen** dürfte bei Pfarrern eher niedrig, bei Ärzten mittel und bei Künstlern und Wissenschaftlern äußerst differenziert (niedrig und mittel bis hoch; d. h.: mit jeweils kleiner Elite) einzuschätzen sein.

Aufgabe 3: Individuelle Lösungen

Aufgabe 4: Zur Frage, wie sich kulturelle Abgrenzungen zu den sozialökonomischen Schichten in Beziehung setzen lassen: Einstellungen zu Kunst und Kultur widerspiegeln meist auch soziale Positionen und Schichten. Zum Beispiel wird abstrakte Kunst eher von Schichten mit gehobenen Bildungsabschlüssen geschätzt. Solche sozialen „feinen Unterschiede“ werden dann mit Abgrenzungspraktiken verankert (man kennt ..., man geht in ...). Das bedeutet, dass Formen kultureller Praxis auch mit Geltungshierarchien und Macht verbunden sind. Sowohl soziale Schichten als auch Kleingruppen haben den Drang, den jeweils „guten Geschmack“ zu bestimmen.

Aufgabe 6: Individuelle Lösungen

Aufgabe 8: Individuelle Lösungen

6. Geschlechterrollen

Aufgabe 1 – 8: Individuelle Lösungen

Aufgabe 9: Der Sohn wird eine günstigere Einstellung bekommen. Er wird stärker der Überzeugung zuneigen, in diesem Fach nicht allzu fleißig sein zu müssen, sich nicht anstrengen zu müssen. Denn er habe ja einfach das Talent dazu, mit Zahlen umzugehen.

Aufgabe 11: a) Zuneigung, Liebe, Umsorgen, Teilnahme, Trost, Konfliktbewältigung, Organisation des Haushalts (Umgang mit Geld, Essenzubereitung, Instandhaltung der Wohnung)

Aufgabe 13 – 32: Individuelle Lösungen

7. Einstellungen

Aufgabe 1: Verhalten

Aufgabe 2: Reiz: Hund; Einstellung: Hunde mag ich nicht; Verhalten: Weglaufen

Aufgabe 3: Reiz: Weckergeräusch; Einstellung: „Ich will gar nicht zur Schule!“; Verhalten: „Ich bleibe (krank) im Bett.“

Aufgabe 4: Reiz: Maus; Einstellung: „Mäuse sind furchtbar, eklig, widerlich!“; Wahrnehmung: „Da ist ja wieder so ein ekelhaftes Tier!“; Affekt: „Ich kriege die Krise, mir wird schon ganz schlecht!“; Verhalten: Frau Katz verlässt blitzartig den Garten.

Aufgabe 5: Reiz: Zeugnisformular; Einstellung: „Grausam, diese Giftblätter!“; Wahrnehmung: „Total schlechte Noten“; Affekt: „Mir wird schon ganz schlecht.“; Verhalten: Weint

Aufgabe 6 – 12: Individuelle Lösungen

8. Steroetype

Aufgabe 1 – 8: Individuelle Lösungen

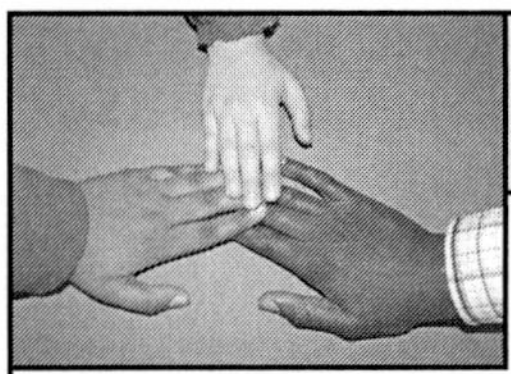

Lösungsvorschläge

9. Das Vorurteil

Aufgabe 1:
- **a)** Dieses Urteil ist falsch.
- **b)** Nein, das kann ich nicht. Es gibt sogar das Gegenteil: Frauen können z. B. als Schlosserinnen schwere Arbeit verrichten.
- **c)** Ich kann Männer und Frauen bei (schweren) Arbeiten aufsuchen.
- **d)** Damit sind alle Männer und Frauen gemeint.
- **e)** Es wird die Fähigkeit zu schwerer Arbeit bewertet.
- **f)** Es werden Männer und Frauen bewertet. Die Gruppe der Männer wird positiv bewertet (kann ... verrichten), die Gruppe der Frauen wird negativ (kann ... nicht) bewertet.

Aufgabe 4:
- **a)** Verallgemeinert wird mit „wir".
- **b)** Bewertet wird mit „meiste" (Freizeit).
- **c)** Behauptet wird mit „haben".
- **d)** Herr Schlosser relativiert/vergleicht nicht, wie es im Artikel geschieht. Das können aber auch die Stammtischkollegen nicht, sie haben den Artikel ja nicht gelesen.

Aufgabe 5–7: Individuelle Lösungen

10. Steroetype und Vorurteile gegenüber Ausländern

Aufgabe 1: Ich erhole mich, wenn ich in der Sonne liege.

Aufgabe 2: Jeder, der sonnengebräunt ist, ist gut erholt.

Aufgabe 3: Hautfarbe, Größe, Gesichtsschnitt, Körperbau

Aufgabe 4: Ehrlich, treu, vertrauenswürdig, hilfsbereit

Aufgabe 5: Intelligent, klug, kreativ, lernfähig, konzentriert/aufmerksam

Aufgabe 6: Fleißig, pünktlich, ausdauernd, genau, humorvoll, einfühlsam, korrekt, großzügig, pflichtbewusst

Aufgabe 7:
- **b)** Die Inder wurden lediglich aufgrund ihres Aussehens in blinder Wut verfolgt.
- **c)** Fast alle Merkmale treffen zu. Die Angreifer dürften aber kaum bei allen der Zuwanderer eine Volkszugehörigkeit, kulturelle Merkmale oder die Religionszugehörigkeit erkannt oder unterschieden haben. Wahrscheinlich haben die meisten von ihnen nur gewusst/geahnt, dass die Zuwanderer irgendwie anders sind – mehr nicht!

Aufgabe 8–10: Individuelle Lösungen

Aufgabe 11: Prinzipiell: Wenn ich schon jemanden beurteilen will, sollte ich möglichst viele Informationen einholen, am besten von der Person/Gruppe selber.

Aufgabe 13:
- **c)** Ja, dann entstehen von Anfang an weniger Vorurteile oder/und Konflikte. Die Islam-Anhänger werden nicht mehr als fremd und bedrohlich wahrgenommen.

Aufgabe 15: Das gelingt kaum, weil ja die einseitige Anpassung gefordert wird.

Aufgabe 17–24: Individuelle Lösungen

Aufgabe 25:
- **a)** Individuelle Lösungen
- **b)** Ja, die Sprache ermöglicht die Teilnahme an Wirtschaft, an Kultur und sozialen Vorgängen in der Gesellschaft. Ohne Kenntnis der Sprache ist vielleicht Assimilation möglich, aber keine aktive Teilhabe an einer Integration. Es muss aber nicht nur verstanden (passiver Wortschatz), sondern auch gesprochen (aktiver Wortschatz) werden können.

Aufgabe 26–29: Individuelle Lösungen